Produktivität der Gesundheitswirtschaft

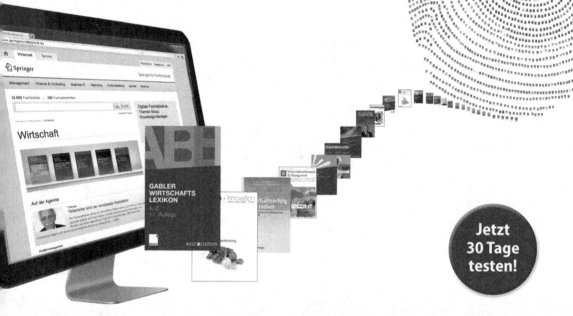

Markus Schneider • Alexander Karmann
Grit Braeseke

Produktivität der Gesundheitswirtschaft

Gutachten für das Bundesministerium
für Wirtschaft und Technologie

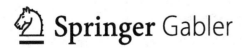

Dr. Markus Schneider
BASYS Beratungsgesellschaft für
angewandte Systemforschung mbH
Augsburg, Deutschland

Dr. Grit Braeseke
IEGUS Institut für Europäische
Gesundheits- und Sozialwirtschaft
Berlin, Deutschland

Prof. Dr. Alexander Karmann
GÖZ Gesundheitsökonomisches Zentrum
Dresden, Deutschland

Im Auftrag des Bundesministeriums für Wirtschaft und Technologie. Die Verantwortung für den Inhalt obliegt den Autoren.

Unter Mitarbeit von Uwe Hofmann, Thomas Krauss, Aynur Köse (BASYS), Andreas Werblow, Felix Rösel (GÖZ), Tobias Richter (IEGUS)

ISBN 978-3-658-06044-2   ISBN 978-3-658-06045-9 (eBook)
DOI 10.1007/978-3-658-06045-9

Die Deutsche Nationalbibliothek verzeichnet diese Publikation in der Deutschen Nationalbibliografie; detaillierte bibliografische Daten sind im Internet über http://dnb.d-nb.de abrufbar.

Springer Gabler
© Springer Fachmedien Wiesbaden 2014

Springer Gabler ist eine Marke von Springer DE.
Springer DE ist Teil der Fachverlagsgruppe Springer Science+Business Media.
www.springer-gabler.de

Vorwort

Die Steigerung der Produktivität ist ein Schlüssel für das Wirtschaftswachstum und die internationale Wettbewerbsfähigkeit. Angesichts der volkswirtschaftlichen Bedeutung der Gesundheitswirtschaft (GW) und des demografiebedingt zu erwartenden Finanzbedarfs der öffentlichen Finanzierungsträger ist das Produktivitätswachstum von allgemeinem wirtschaftspolitischem Interesse.

Die Produktivitätsentwicklung im Gesundheitswesen wurde in mehreren systemvergleichenden Studien untersucht. Dabei wurde ein im Vergleich zur Gesamtwirtschaft geringeres Produktivitätswachstum bei der Erbringung von Gesundheitsleistungen festgestellt. Dieses Vorhaben knüpft an diese Untersuchungen an. Neben der rein produktbezogenen Produktivitätsmessung, wie sie in den Volkswirtschaftlichen Gesamtrechnungen Standard ist, wird hier eine erweiterte Betrachtung hinsichtlich der Leistungsprozesse bei unterschiedlichen Krankheiten vorgenommen. Ziel dieses Forschungsprojektes ist, die technologischen Veränderungen der Gesundheitswirtschaft im Rahmen des im Auftrag des Bundesministeriums für Wirtschaft und Technologie (BMWi) entwickelten Gesundheitssatellitenkontos aufzuzeigen. Hierbei sollen die branchenübergreifenden Veränderungen und die branchenspezifischen Produktionsentwicklungen dargestellt werden. Aufgrund der Vielzahl von Messproblemen auf der Input- und Outputseite der Gesundheitswirtschaft, wie z. B. der Zusammensetzung des Kapitalstocks in den Einrichtungen der Gesundheitswirtschaft, der Qualität der erbrachten Leistungen und der Entwicklung der Preisindizes für die Dienstleistungen bei ärztlichen Leistungen und in der Pflege, kann diese Studie nur ein Einstieg in die Problematik sein. Dies gilt auch für die krankheitsbezogene Analyse der Produktivität von Versorgungsprozessen und ihre Finanzierung.

Wir möchten uns an dieser Stelle ganz herzlich bei allen bedanken, die uns bei der Erarbeitung dieser Studie mit guten Ideen und der Lieferung zusätzlicher Daten unterstützt haben: Beim Statistischen Bundesamt möchten wir vor allem Frau Angela Heinze und Frau Liane Ritter erwähnen, die uns sehr hilfreiche Ratschläge zur Anpassung des Satellitenkontos an die Wirtschaftszweigklassifikation 2008 und zur Erstellung von realen Input-Output-

Tabellen gaben. Beim Wissenschaftlichen Institut der AOK (WIdO) danken wir Herrn Markus Meyer und Frau Catherina Gerschner für die gesonderte Auswertung von branchenbezogenen Daten zu krankheitsbedingten Fehlzeiten, bei der Deutschen Rentenversicherung Bund (DRV) Herrn Andreas Dannenberg für die Zusendung von Daten über Rentenzugänge infolge von Krankheit nach Hauptdiagnosen und bei der Deutschen Verbindungsstelle Krankenversicherung - Ausland (DVKA) Herrn Helmut Faßbender und Herrn Friedrich Christ für die Angaben zu den Abrechnungssummen für die Behandlung ausländischer Patienten. Für konstruktive Kritik und wertvolle Anregungen danken wir allen Teilnehmern der beiden projektbegleitenden Workshops im November 2012 und im Juni 2013 in Berlin, insbesondere Herrn Dipl.-Volksw. Gert Ahlert, GWS, Herrn Prof. Dr. Czypionka, IHS, Herrn Ulrich Dembski, Bundesministerium für Gesundheit, Herrn Prof. Dr. Klaus-Dirk Henke, TU Berlin, Herrn Prof. Dr. Klaus Jacobs, WIdO, Herrn Dr. Thomas Kopetsch, Kassenärztliche Bundesvereinigung, Herrn Dr. Dr. Reinhard Löser, BDI, und Herrn Wolf-Dieter Perlitz, WifOR.

Für Anmerkungen und Hinweise sind die Autoren dankbar.

Augsburg/Dresden/Berlin, Juli 2013
Markus Schneider, Alexander Karmann, Grit Braeseke

Inhaltsverzeichnis

Abbildungsverzeichnis

Tabellenverzeichnis

Abkürzungsverzeichnis

AOK	Allgemeine Ortskrankenkasse
AU	Arbeitsunfähigkeit
BASYS	Beratungsgesellschaft für angewandte Systemforschung mbH
BAuA	Bundesanstalt für Arbeitsschutz und Arbeitsmedizin
BDI	Bundesverband der Deutschen Industrie e.V.
BFS	Bundesamt für Statistik
BIP	Bruttoinlandsprodukt
BLS	Bureau of Labor Statistics
BMAS	Bundesministerium für Arbeit und Soziales
BMBF	Bundesministerium für Bildung und Forschung
BMG	Bundesministerium für Gesundheit
BMWi	Bundesministerium für Wirtschaft und Technologie
CNSTAT	Committee on National Statistics
DEA	Data Envelopment Analysis
dMFP	Dynamische Multifaktorproduktivität
DMP	Disease-Management-Programm
DRG	Diagnosis Related Groups
DRV	Deutschen Rentenversicherung Bund
DVKA	Deutschen Verbindungsstelle Krankenversicherung - Ausland
EDL	Gesundheitsdienstleistungen des Erweiterten Bereichs
EGW	Erweiterter Bereich der Gesundheitswirtschaft
EIH	Gesundheitswaren und Handelsleistungen des Erweiterten Bereichs
eMFP	Effektive Multifaktorproduktivität
EQR	Europäischer Qualifikationsrahmen
ESVG	Europäisches System der Volkswirtschaftlichen Gesamtrechnungen
EU	Europäische Union
EUKLEMS	EU level analysis of capital (K), labour (L), energy (E), materials (M) and service (S) inputs
Eurostat	Statistisches Amt der Europäischen Gemeinschaft

FuE	Forschung und Entwicklung
GAR	Gesundheitsausgabenrechnung des Statistischen Bundesamtes
GBE	Gesundheitsberichterstattung des Bundes
GDP	Gross domestic product
G-DRG	German Diagnosis Related Groups
GGR	Gesundheitswirtschaftliche Gesamtrechnung
GKV	Gesetzliche Krankenversicherung
GÖZ	Gesundheitsökonomisches Zentrum der TU Dresden
GPR	Gesundheitspersonalrechnung
GSK	Gesundheitssatellitenkonto
GUV	Gesetzliche Unfallversicherung
GW	Gesundheitswirtschaft
GWS	Gesellschaft für Wirtschaftliche Strukturforschung mbH
HIOT	Health Input-Output-Table
HWWI	Hamburgisches Weltwirtschaftsinstitut
ICD	International Statistical Classification of Diseases and Related Health Problems
ICT	Information and Communication Technology
IEGUS	Institut für Europäische Gesundheits- und Sozialwirtschaft
IHS	Institut für höhere Studien
INQA	Initiative neue Qualität der Arbeit
IQWiG	Institut für Qualität und Wirtschaftlichkeit im Gesundheitswesen
ISCED	International Standard Classification Of Education
ISCO	International Standard Classification of Occupations
KDL	Dienstleistungen des Kernbereichs der Gesundheitswirtschaft
KGW	Kernbereich der Gesundheitswirtschaft
KH	Krankenhaus
KHG	Krankenhausfinanzierungsgesetz
KIH	Industrielle Waren und Handel des Kernbereichs
KKR	Krankheitskostenrechnung
KMU	Kleine und mittlere Unternehmen
KZBV	Kassenzahnärztliche Bundesvereinigung
KZV	Kassenzahnärztliche Vereinigung
MDC	Major Diagnostic Category
MFP	Multifaktorproduktivität

MTA	Medizinisch-Technische Assistent/in
MTF	Medizinisch-technischer Fortschritt
NDL	Dienstleistungen des Erweiterten Bereichs
NGW	Nicht-Gesundheitswirtschaft
NICE	National Institute for Health and Care Excellence
NIH	Industrielle Waren und Handel der Nicht-Gesundheitswirtschaft
OECD	Organisation for Economic Co-operation and Development
PDB	Productivity Database
PDBi	Productivity Database Industry
PfV	Pflegeversicherung
PIM	Perpetual Inventory-Methode
PTA	Pharmazeutisch-technischer Assistent(in
QALY	Quality Adjusted Life Years
RKI	Robert Koch-Institut
RV	Rentenversicherung
SGB V	Sozialgesetzbuch (SGB) Fünftes Buch (V)
SNA	System of National Accounts
TU	Technische Universität
UKCeMGA	UK Centre for the Measurement of Government Activity
VGR	Volkswirtschaftliche Gesamtrechnungen
VZÄ	Vollzeitäquivalente
WHO	World Health Organisation
WIdO	Wissenschaftliches Institut der Ortskrankenkassen
WZ	Wirtschaftszweigklassifikation
ZIM	Zentrales Innovationsprogramm Mittelstand

1 Zusammenfassung

Produktivität misst den Fortschritt. Um diesen ist es nach Auffassung namhafter Ökonomen in Europa im Vergleich zu anderen Regionen schlecht bestellt (van Ark et al. 2013). Kenntnis der Ursachen ist demgemäß von wirtschaftspolitischer Bedeutung. Diese Studie fokussiert auf einen sektoralen Teilaspekt: die Produktivität in der Gesundheitswirtschaft (GW), die durch einen hohen Anteil an Dienstleistungen gekennzeichnet ist. Fehlende Produktivität bei Dienstleistungen wird allgemein als Kostenkrankheit bezeichnet. Wissenschaftliche Studien zur Gesundheitswirtschaft zeigen widersprüchliche Forschungsergebnisse. Abgrenzung und Produktivitätsmessung spielen dabei eine große Rolle. Diese Studie nähert sich dem Thema mit Hilfe des Satellitenkontos, welches für die einzelnen Produktionsbereiche der Gesundheitswirtschaft Input- und Outputwerte aus den Volkswirtschaftlichen Gesamtrechnungen und den Gesundheitsökonomischen Gesamtrechnungen konsistent zusammenführt. Für den Zeitraum 2002 – 2010 werden vergleichende Produktivitätsberechnungen vorgenommen. Sechs Fragen werden diskutiert:

Frage 1: Welche Indikatoren sind zur Messung der Produktivität in der GW und ihren verschiedenen Produktionsbereichen geeignet?

Produktivität kann am besten durch die »Totale Faktorproduktivität« gemessen werden.[1] Sie gibt an, um wie viel der Output stärker als der Input gestiegen ist. Das Konzept kann gesamtwirtschaftlich und für einzelne Wirtschaftsbereiche verwendet werden. Voraussetzung der Produktivitätsberechnung ist die Messung folgender Variablen:

1) Input (Vorleistungen, Arbeit und Kapital) und dessen Veränderungen im Zeitverlauf,
2) Output (mengenmäßige und qualitative Veränderungen des Versorgungsgeschehens),
3) Outcome (Veränderungen des krankheitsbedingten Ressourcenverlustes infolge von Arbeitsunfähigkeit, Invalidität und Mortalität – z. B.

---

[1] Die Begriffe »Totale Faktorproduktivität« und Multifaktorproduktivität werden hier synonym verwendet.

als verlorene Erwerbstätigenjahre oder vorzeitige Sterblichkeit).

Ermittelt werden die Produktivität und der Produktivitätsfortschritt mittels Indizes bzw. Indexzahlen. Hierzu eignet sich auf Basis der vorliegenden Datengrundlage die Produktivitätsberechnung nach Törnqvist. In diesem Kontext wird zwischen Arbeits-, Kapital- und Multifaktorproduktivität unterschieden sowie nach Sektoren abgegrenzt. Verwendet werden zur Messung des Outputs der Produktionswert je Sektor, zur Messung der Inputs Arbeit und Kapital die geleisteten Arbeitsstunden bzw. der Kapitalstock. Die Vorleistungen können aus den vorliegenden Input-Output-Werten des Gesundheitssatellitenkontos gewonnen werden. Infolge dieser vorteilhaften Datenstruktur kann das Konzept der Multifaktorproduktivität in einem weiteren Schritt zur effektiven Multifaktorproduktivität fortentwickelt werden und damit nochmals präzisere Aussagen zur sektoralen Produktivitätsentwicklung ermöglichen. Abbildung 1.1 ordnet die hier verwendeten Indikatoren für die In- und Outputmaße innerhalb möglicher Messkonzepte ein. Neben »First-Best-Indikatoren« (Arbeit, Vorleistungen) werden für Kapital und den Output »Second-Best-Indikatoren« verwendet. Die Wahl des Indikators »Produktionswert« für den Output hat bei der Messung der Multifaktorproduktivität gegenüber der Wertschöpfung den Vorteil, dass dieser deutlich weniger sensitiv hinsichtlich dem Outsourcing von Dienstleistungen ist.[2]

Für die Qualitätsbereinigung des Outputs fehlt bisher ein standardisiertes internationales Konzept. Die Umsetzung eines solchen Konzepts muss sowohl innerhalb der Gesundheitswirtschaft als auch vergleichend zu anderen Branchen der Wirtschaft erst erarbeitet werden. Es wird allerdings empfohlen, für spezifische Fragestellungen zu einzelnen Teilbereichen der Gesundheitswirtschaft diese explizit zu berücksichtigen.

Frage 2a: Wie unterscheidet sich die Produktivitätsentwicklung in der GW von derjenigen der Gesamtwirtschaft?

Für den Zeitraum 2002 – 2010 zeigen sich große Unterschiede zwischen der Nicht-Gesundheitswirtschaft und der Gesundheitswirtschaft in der Produktivitätsentwicklung. In der Gesundheitswirtschaft ist die Produktivität

---

[2] Mit Hilfe des Satellitenkontos kann sowohl die Totale Faktorproduktivität anhand des Produktionswerts als auch anhand der Wertschöpfung gemessen werden. Bei der Messung der Arbeitsproduktivität gilt genau das Umgekehrte wie bei der Messung der Totalen Faktorproduktivität. Hier ist die Wertschöpfung weniger sensitiv gegenüber dem Outsourcing (OECD 2001, S. 29 ff.).

Abbildung 1.1: Indikatoren zur Messung der Multifaktorproduktivität

Größen der Produktivitätsmessung		First-Best-Indikator	Second-Best-Indikator	Third-Best-Indikator
Output		physischer Output Mengeneinheiten (qualitätsbereinigt)	Produktionswert (enthält Vorleistungen) (real)	Wertschöpfung (ohne Vorleistungen)
Input	Kapital	Kapitalleistungen	Kapitalstock (reale Werte)	Betriebsüberschüsse
	Arbeit	Arbeitsstunden	Erwerbstätige	Lohnsumme
	Vorleistungen	Vorleistungen in Input-Output-Struktur (real)	Vorleistungen aggregiert	keine Vorleistungen (Wertschöpfungs-ansatz)

Hervorgehoben: Ansatz der vorgelegten Untersuchung von BASYS/GÖZ/IEGUS.
Quelle: Eigene Darstellung.

mehr als doppelt so stark gestiegen wie in der Gesamtwirtschaft (vgl. Tabelle 1.1). Dies ist u. a. die Folge der Wirtschafts- und Finanzkrise und des damit einhergegangenen deutlichen Produktionsrückgangs in den meisten Branchen außerhalb der Gesundheitswirtschaft.

Frage 2b: Welche Unterschiede in der Produktivität bestehen zwischen dem »Ersten« und dem »Zweiten Gesundheitsmarkt« der Gesundheitswirtschaft?

Die Produktivität ist im Zweiten Markt tendenziell höher, da hier der Einsatz industriell produzierter Gesundheitsgüter eine größere Rolle spielt. Im Zeitraum 2002 – 2010 stieg die Totale Faktorproduktivität im Ersten Markt des Kernbereichs um 1 %, im Zweiten Markt des Kernbereichs um 1,1 %. Allerdings weist der Zweite Markt sehr unterschiedliche Güter auf, so dass eine differenzierte Aufgliederung der Produktivitätsentwicklung wünschenswert wäre.

Im Gesundheitssatellitenkonto wurden der Erste und Zweite Markt von der Nachfrageseite her abgegrenzt. Erster und Zweiter Markt unterscheiden sich in unterschiedlichen Preisen und in unterschiedlichem Vorleistungseinsatz. Weitere Analysen der Produktivitätseffekte erfordern deshalb die Unterscheidung zwischen den öffentlichen und privaten Preissystemen.

Tabelle 1.1: Multifaktorproduktivität der GW und NGW, 2003 – 2010

Veränderung der Multifaktorproduktivität in %	2003	2004	2005	2006	2007	2008	2009	2010	Durchschnitt
Gesamtwirtschaft	0,0	0,5	0,3	1,5	1,1	0,0	-2,1	1,2	0,3
Nicht-Gesundheitswirtschaft	-0,1	0,5	0,2	1,5	1,0	-0,3	-2,2	1,3	0,2
Industrielle Güter und Handelsleistungen	0,3	1,1	0,4	1,8	0,8	-0,8	-1,7	2,4	0,5
Private und öffentliche Dienstleistungen	-0,6	-0,5	0,0	1,0	1,4	0,7	-3,1	-0,7	-0,2
Gesundheitswirtschaft	0,6	-0,2	1,9	1,8	1,9	2,5	-0,4	0,4	1,1
Industrielle Güter und Handelsleistungen	4,9	1,8	7,4	3,6	3,1	2,9	-2,6	-0,3	2,6
Private und öffentliche Dienstleistungen	-0,8	-0,8	-0,5	1,0	1,4	2,2	0,7	0,7	0,5

Quelle: Eigene Berechnungen.

Abbildung 1.2: Multifaktorproduktivität in der Gesundheitswirtschaft und Nicht-Gesundheitswirtschaft, 2002 – 2010

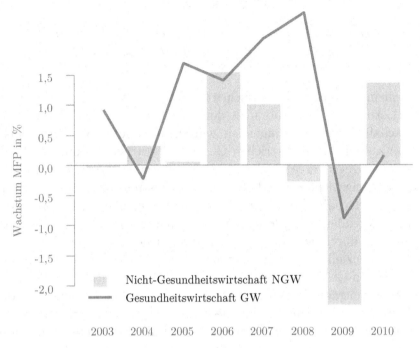

Quelle: Eigene Berechnungen und Darstellung.

Frage 3: Welchen Beitrag leisten der medizinisch-technische Fortschritt und andere Faktoren zur Produktivitätsentwicklung in den einzelnen Branchen der GW?

Die Produktivitätsentwicklung bei der Herstellung und im Handel von industriellen Gesundheitsgütern liegt in der Regel über derjenigen der stationären und nicht-stationären Dienstleistungen des Kernbereichs. Die Gründe für diese Unterschiede dürften vor allem in der Struktur der eingesetzten Produktionsfaktoren liegen (hohe Forschungsintensität bei industriellen Gesundheitsgütern, deutlich höhere Arbeitsintensität im Dienstleistungsbereich).

Im Bereich der industriell gefertigten Gesundheitsgüter des Kernbereichs besteht eine außerordentlich hohe Produktivitätsentwicklung. Offensichtlich kommen hier Größen- und Verbundvorteile zum Tragen, die im Dienstleistungsbereich nicht realisiert werden können.

Frage 4a: Welchen Beitrag leisten der medizinisch-technische Fortschritt und andere Faktoren zur Entlastung des zukünftigen Bedarfs an Fachkräften in der GW?

Der medizinisch-technische Fortschritt (MTF) ermöglicht eine unterschiedliche Entlastung an Fachkräften in den einzelnen Branchen der Gesundheitswirtschaft. In der Vergangenheit wurden vor allem hohe Rationalisierungspotenziale in der industriellen Gesundheitswirtschaft und im Handel erschlossen. Dagegen ergab sich eine hohe zusätzliche Arbeitskräftenachfrage in der Langzeitpflege und bei nicht-stationären Dienstleistungen der Gesundheitswirtschaft. Gleichzeitig haben neue Techniken zu höheren Standards und steigenden Anforderungen an ein qualifiziertes Personal geführt. Auch kann sich durch neue Produkte ein zusätzlicher Bedarf an Fachkräften ergeben. Tendenziell zeigt sich zwar auch eine positive Produktivitätsentwicklung bei den Gesundheitsdienstleistungen, die zur Entlastung des Fachkräftebedarfs beiträgt. Dennoch ist zukünftig ein weiter steigender Bedarf gerade im pflegerischen Bereich, bei medizinischen Berufen und medizinisch-therapeutischen Assistenzberufen zu erwarten. In Prognosen des Fachkräftebedarfs sollte deshalb die unterschiedliche Entwicklung der Arbeitsproduktivität bei den Gesundheitsberufen beachtet werden.

Frage 4b: Welchen Beitrag leisten der medizinisch-technische Fortschritt und andere Faktoren zur Finanzierung öffentlicher Gesundheits- und Rentenversicherungsleistungen?

Die Identifizierung von Kostentreibern bei den Gesundheitsausgaben ist seit jeher eine Kernfrage der Gesundheitsökonomie. Beobachtet werden kann seit Jahrzehnten nicht nur ein absoluter, sondern auch ein relativer Anstieg der Gesundheitsausgaben an der Gesamtwertschöpfung. Zur Erklärung dieses Trends wird neben dem medizinisch-technischen Fortschritt die demografische Entwicklung angeführt. Als dritter Einflussfaktor, insbesondere im Erweiterten Bereich der Gesundheitswirtschaft, ist die Einkommenselastizität der Nachfrage nach Gesundheitsleistungen zu nennen. Schließlich wird auch der mangelnde Preiswettbewerb im Gesundheitswesen für den Anstieg der Gesundheitsausgaben verantwortlich gemacht, der – zumeist in Wechselwirkung mit den vorgenannten Einflussfaktoren – die Kostenentwicklung antreibt.

Auf der anderen Seite bestehen zugleich auch positive Wirkungen des MTF auf die Einnahmesituation der Sozialversicherung. So generiert der MTF Wachstum und Wertschöpfung und sorgt damit für eine Verbreiterung der Finanzbasis von GKV und Rentenversicherung. Den Einsparungen aus der Verbesserung vorhandener Technologien (Prozessinnovationen) bzw. Produktivitätsgewinnen stehen die Zusatzkosten neuer Technologien (Produktinnovationen), z. B. neuartiger Arzneimittel, gegenüber.

Der medizinisch-technische Fortschritt wirkt somit im Bereich der Sozialversicherung einnahmen- und ausgabenseitig. Einerseits führen Produktivitätsverbesserungen in der Gesundheitswirtschaft zu einem höheren Produktionswert, einer höheren Lohnsumme und hierdurch höheren Einnahmen von GKV und RV. Der MTF trug auf diese Weise zwischen 2002 und 2010 insgesamt 22 Mrd. € zur Finanzierung von GKV und RV im gleichen Zeitraum bei. Im Jahr 2010 entsprachen die aufgrund des kumulierten MTF (2002 bis 2010) um 1,2 Mrd. € höheren GKV-Einnahmen etwa 0,1 Beitragssatzpunkten (2002 bis 2010 kumuliert).

Auf der anderen Seite dürfte auch in Zukunft der MTF zu einem Anstieg der Gesundheitsausgaben oberhalb des Wachstums der Gesamtwirtschaft führen. Die mit dem MTF verbundenen Einnahmeeffekte dürften im Falle der GKV nicht genügen, um den Ausgabeanstieg vollständig zu kompensieren. Eine Lösung zur Schließung dieser Lücke besteht jedoch über den Zweiten Gesundheitsmarkt im Kernbereich der Gesundheitswirtschaft. Diesem wird in Zukunft eine steigende Bedeutung zukommen.

Frage 5: Durch welche Maßnahmen lässt sich die Produktivitätsentwicklung in der GW weiter verbessern?

Produktivitätsverbesserungen fallen nicht vom Himmel, sondern erfordern gezielte Anstrengungen der Unternehmen der Gesundheitswirtschaft, die zu finanzieren sind. Maßnahmen können auf den Inputseiten der verschiedenen Produktionsfaktoren ansetzen. Ferner können die institutionellen Rahmenbedingungen zur Produktivitätsentwicklung gestärkt werden. Schließlich sind auch Maßnahmen einzubeziehen, die Größen- und Verbundvorteile in und zwischen den einzelnen Branchen der Gesundheitswirtschaft schaffen.

Die Ergebnisse einschlägiger Studien sehen folgende Handlungsfelder zur Verbesserung der Produktivität:

- Verbesserung der Anreizstrukturen (erfolgsbezogene Vergütungssysteme, auch mit Arzneimittelherstellern),
- Optimierung der Behandlungspfade,
- sektorenübergreifende Versorgung von Prävention über Akutbehandlung, Rehabilitation bis zur Pflege,
- Stärkung der Rolle des Patienten (Patient Empowerment),
- Konsequentere Nutzung von IT (elektronische Patientenakte etc.).

Frage 6: Welche Handlungsempfehlungen ergeben sich für die Wirtschaftspolitik?

Produktivitätssteigerungen werden gewöhnlich als der einzig effektive Weg angesehen, den Lebensstandard langfristig zu erhöhen. In Ländern mit knappen natürlichen Ressourcen und alternden Gesellschaften gilt dies ganz besonders. Die Förderung des medizinisch-technischen Fortschritts und die Steigerung der Arbeitsproduktivität sind zentral für die Entlastung des Arbeitsmarkts und die Bewältigung der Finanzierungsprobleme. Die statistische Beobachtung der Produktivitätsentwicklung und ihrer Treiber kann dabei die Wirtschaftspolitik unterstützen.

Folgende Handlungsempfehlungen legen die Ergebnisse der Studie nahe:

Politische Handlungsempfehlungen für die Gesundheitswirtschaft

1) Es gilt, den Wachstumsbeitrag der Gesundheitswirtschaft künftig stärker in der Öffentlichkeit darzustellen, um das Image des Gesundheitswesens als Kostenfaktor zu überwinden. Weiterhin sollten gesundheitspolitische Vorhaben künftig stärker auch bezüglich ihrer wirtschaftlichen Implikationen geprüft werden, nicht nur hinsichtlich ihrer fiskalischen Auswirkungen. Konkret sind jeweils die Auswirkungen geplanter Regulierungen auf das Wirtschaftswachstum, den technologischen Fortschritt und den Arbeitsmarkt zu ermitteln.

2) Im Bereich der Güterproduktion, der stärker wettbewerblich und an Marktpreisen ausgerichtet ist, stehen insbesondere Pharmaindustrie und Medizintechnik auch im internationalen Wettbewerb und sind stark exportorientiert. Der Bereich der ambulanten und stationären Dienstleistungen dagegen ist überwiegend national und regional ausgerichtet und durch administrierte Preise und sektorale Budgets gekennzeichnet. Im Bereich der Gesundheitsgüter sollten die Effekte von Markteingriffen auf die internationale Wettbewerbsfähigkeit beachtet

Abbildung 1.3: Sektorale Wachstumsbeiträge in der Nicht-Gesundheitswirtschaft (in %), 2003 – 2010

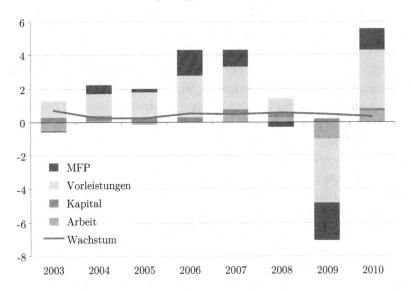

Abbildung 1.4: Sektorale Wachstumsbeiträge in der Gesundheitswirtschaft
(in %), 2003 – 2010

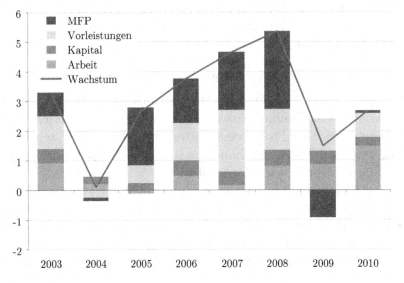

Quelle: Eigene Berechnungen und Darstellung.

werden. Bei den Gesundheitsdienstleistungen sollten auch die Rahmenbedingungen für wettbewerbliche Strukturen sukzessive weiterentwickelt werden.

3) Die Politik sollte künftig der Prävention und Behandlung psychischer Erkrankungen mehr Aufmerksamkeit widmen, deren Ursachen immer häufiger im beruflichen Bereich zu finden sind. Hier sind vor allem die Unternehmen und die Sozialversicherungsträger gefordert, die Rahmenbedingungen für ein gesundes und leistungsförderndes Arbeiten weiter zu entwickeln. Es zeigt sich, dass es einerseits viele Lösungsansätze und Konzepte gibt, andererseits aber der Praxistransfer, insbesondere für KMU, schwierig ist. Hier gilt es, künftig zielgerichtetere Förderinstrumente zu implementieren.

4) Die Förderung des medizinisch-technischen Fortschritts sollte eine gesamtgesellschaftliche Aufgabe sein. Derzeit fließen rund 6 % der Ausgaben des Bundes für Wissenschaft, Forschung und Entwicklung in den Förderbereich »Gesundheitsforschung und Medizintechnik«. Angesichts der gesellschaftlichen Bedeutung von »Gesundheit« ist zu überprüfen, ob dieser Anteil nicht erhöht werden sollte.

5) Durch den medizinisch-technischen Fortschritt ist bei Gesundheitsdienstleistungen nur eine geringe Entlastung des zukünftigen Fachkräftebedarfs zu erwarten. Das durch die demografische Entwicklung knapper werdende Arbeitskräftepotential verdient zukünftig besondere Beachtung. Projektionen zum Fachkräftebedarf sollten stärker die Treiber der Arbeitsproduktivität und des medizinisch-technischen Fortschritts in den verschiedenen Berufsfeldern und Produktionsbereichen berücksichtigen.

Handlungsempfehlungen für die Gesundheitsforschung

1) Im Rahmen dieses Projektes konnte ein Einstieg in die Analyse der Produktivität der Gesundheitswirtschaft und ihrer Teilbereiche erfolgen. Darauf aufbauend sollte eine Weiterentwicklung der Datenzusammenführung und Analysemethoden im Rahmen von Forschungsprojekten erfolgen. Erforderlich ist vor allem:

- eine Zusammenführung der verschiedenen Preisindizes in ein Teilrechensystem der gesundheitsökonomischen Gesamtrechnungen,
- eine laufende Beobachtung des Kapitalbedarfs und der Investitionstätigkeit der Gesundheitswirtschaft,
- eine kontinuierliche Erfassung und Analyse der Entwicklung des

Faktors »Arbeit« hinsichtlich der Qualifikations- und Bildungsstufen,

- die Ermittlung empirisch fundierter Qualitätsindizes für die Teilbereiche der Gesundheitswirtschaft (ambulant, stationär, Reha
und Pflege) und darauf aufbauend bereichsübergreifend für einzelne Krankheitsgruppen.

2) Der Qualitätsaspekt spielt bei der Erbringung von Gesundheitsdienstleistungen eine bedeutende Rolle. Die Messung des Output spiegelt
diese Qualitätsverbesserungen derzeit kaum wider. Eine bessere Erfassung der Produktivitätsveränderungen bei Gesundheitsdienstleistungen erfordert methodische Weiterentwicklungen, die seitens der Politik
gefördert werden sollten.

3) Effizienzverbesserungen sind eng verbunden mit Prozessveränderungen und Reorganisation. Diese gehen oft mit Investitionen einher, da
bauliche Gegebenheiten an veränderte Strukturen und Leistungen anzupassen sind. Der Zugang der Krankenhäuser zu Investitionsmitteln
ist zu verbessern, da die Bundesländer ihren Verpflichtungen zur Finanzierung der Investitionen in den letzten Jahren nicht mehr in ausreichendem Maße nachgekommen sind und die Investitionsfähigkeit
vor allem der nicht-privaten Krankenhäuser zu gering ist, um langfristig bestehen zu können.

4) Ferner sollte geprüft werden, inwieweit ambulante und stationäre Einrichtungen von der Innovationsförderung des Bundes profitieren. Nach
vorliegenden Informationen hat es den Anschein, dass in diese Bereiche
recht wenig Mittel fließen. Dieser Anteil sollte künftig deutlich erhöht
werden.

2 Hintergrund und Ziele

Productivity isn't everything, but in the long run it is almost everything. A country's ability to improve its standard of living over time depends almost entirely on its ability to raise its output per worker.

Paul Krugman 1994

Die Produktivitätssteigerung ist ein Schlüssel für das Wirtschaftswachstum und die internationale Wettbewerbsfähigkeit. Angesichts der volkswirtschaftlichen Bedeutung der Gesundheitswirtschaft (GW) ist die Verbesserung der Produktivität von wirtschaftspolitischem Interesse. Die älter werdende Gesellschaft ist zwar nur begrenzt ein Ausgabentreiber, fordert jedoch die Gesundheitswirtschaft vor allem hinsichtlich der Struktur ihrer Leistungsangebote heraus. Unter anderem gilt es, die Fachkräfteengpässe zu überwinden und den weiterhin steigenden Finanzbedarf zu bewältigen. Der Produktivitätsentwicklung in der GW insgesamt und ihrer Verbesserung in Teilbereichen kommt deshalb eine große Bedeutung zu.

Die vorliegende Studie knüpft an eine Reihe von Untersuchungen zur volkswirtschaftlichen Bedeutung der Gesundheitswirtschaft an. Neben der reinen produktbezogenen Produktivitätsmessung, wie sie in den Volkswirtschaftlichen Gesamtrechnungen (VGR) Standard ist, wird hier eine erweiterte Betrachtung mit Bezug auf das Krankheitsgeschehen vorgenommen. Das Gesundheitssatellitenkonto (GSK) bzw. die Gesundheitsökonomischen Gesamtrechnungen (GGR) dienen dabei als Rahmen zur Beschreibung der Produktivitätsentwicklung. Damit kann die Produktivitätsentwicklung in der Gesundheitswirtschaft in einzelnen Produktbereichen sowie übergreifend im Verhältnis zu anderen Branchen in Leistungs-, Preis- und Faktoreinsatzsteuerung analysiert werden. Diese Analyse bezieht auch die Finanzierung mit den unterschiedlichen Preissystemen ein, wobei den Unterschieden im Ersten und Zweiten Gesundheitsmarkt Rechnung getragen wird. Beide Märkte unterscheiden sich nicht nur in der öffentlichen und privaten Kostenübernahme, sondern auch im Investitionsverhalten, den beteiligten Berufsgruppen und in den Technologien.

Ziel der Studie ist es, die technologischen Veränderungen der GW im Rahmen des im Auftrag des BMWi entwickelten Gesundheitssatellitenkontos aufzuzeigen. Hierbei sollen die branchenweiten Veränderungen und die spezifischen Produktionsentwicklungen in Teilbereichen der GW (Pharmaindustrie, Medizintechnik, ambulanter und stationärer Sektor etc.) dargestellt werden. Da es sich bei der Gesundheitswirtschaft um eine innovative Branche handelt, lassen sich Veränderungen der Produktivität im Zeitverlauf nur dann adäquat ermitteln, wenn Qualitätsverbesserungen und die Entwicklungen des medizinisch-technischen Fortschritts berücksichtigt werden. Deshalb sind bei der Messung des Produktionsvolumens verschiedener Jahre die Qualitätsaspekte einzubeziehen. Man wird dabei nicht davon ausgehen können, dass die Qualität von Gesundheitsdienstleistungen automatisch in ihren Preisen niederschlagen. Die Preise in der Gesundheitswirtschaft sind hoch reguliert und die Qualitätsmessung selbst kann nur begrenzt auf Routinedaten zurückgreifen.

Infobox 1: Gesundheitssatellitenkonto (GSK), Gesundheitsökonomische Gesamtrechnungen (GGR), Erster und Zweiter Gesundheitsmarkt

Das *Gesundheitssatellitenkonto* ist ein eigenes Konto für die Gesundheitswirtschaft, angegliedert an die Volkswirtschaftlichen Gesamtrechnungen (VGR), mit dem die Gesundheitsgüter produzierenden Unternehmen als eigenständiger Wirtschaftszweig in VGR-Kategorien zusammengefasst werden und ihre volkswirtschaftliche Verflechtung ermittelt wird.

Die *gesundheitsökonomischen Gesamtrechnungen* sind Rechenwerke, die Art und Umfang der erbrachten Leistungen und der dafür eingesetzten Ressourcen sowie zukünftige Entwicklungstendenzen in der Gesundheitswirtschaft erfassen. Schwerpunkte sind die Gesundheitsausgabenrechnung (GAR), die Gesundheitspersonalrechnung (GPR) und die Krankheitskostenrechnung (KKR). Sie alle sind Bestandteil der Gesundheitsberichterstattung des Bundes.

Der *Erste Gesundheitsmarkt* enthält alle gesundheitsrelevanten Dienstleistungen und Waren, die im Rahmen eines solidarischen Finanzierungssystems (vor allem durch die Kranken- und Pflegeversicherung) erstattet werden. Der *Zweite Gesundheitsmarkt* umfasst alle gesundheitsrelevanten Dienstleistungen und Waren, die nicht von der Sozialversicherung übernommen oder durch staatliche Mittel finanziert werden.

Die statistische Messung der Qualität in der Gesundheitswirtschaft und ihren verschiedenen Produktionsbereichen ist deshalb keine triviale Frage und erfordert detaillierte Berechnungsvorschriften für die praktische Durchführung. Eurostat hat mögliche Vorgehensweisen in einem Handbuch unter A, B und C Methoden zusammengefasst (vgl. Eurostat 2001). Die Ergeb-

Abbildung 2.1: Arbeitsschritte, Arbeitsziele und ausgewählte Fragestellungen der Produktivitätsmessung

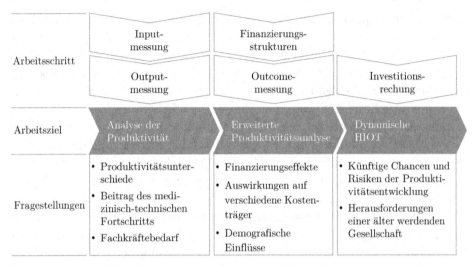

Arbeitsschritt	Input-messung	Finanzierungs-strukturen	
	Output-messung	Outcome-messung	Investitions-rechnung
Arbeitsziel	Analyse der Produktivität	Erweiterte Produktivitätsanalyse	Dynamische HIOT
Fragestellungen	• Produktivitätsunter-schiede • Beitrag des medi-zinisch-technischen Fortschritts • Fachkräftebedarf	• Finanzierungseffekte • Auswirkungen auf verschiedene Kosten-träger • Demografische Einflüsse	• Künftige Chancen und Risiken der Produkti-vitätsentwicklung • Herausforderungen einer älter werdenden Gesellschaft

Quelle: Eigene Darstellung.

nisse erweisen sich sehr sensibel hinsichtlich der Methoden. Auch steht eine einheitliche Qualitätsbereinigung nach Methode A bisher für die Gesundheitsgüter aus (vgl. Pierdzioch 2008).

Ein weiterer Aspekt ist der branchenübergreifende Vergleich. Um eine Vergleichbarkeit der Produktivitätskennziffern in der Gesundheitswirtschaft mit denjenigen der Gesamtwirtschaft dennoch zu erreichen, wird hier für die Output- und Inputmessung pragmatisch vorgegangen und durchgängig ein einheitliches Konzept verwendet, das auf den Verfahren der VGR und den veröffentlichten Daten des Statistischen Bundesamtes aufbaut. Die Volumenmessung erfolgt damit entsprechend internationaler Konventionen und verbindlicher europäischer Rechtsvorschriften auf der Grundlage einer jährlich wechselnden Preisbasis (Vorjahrespreisbasis). Abweichungen zu dieser Vorgehensweise sind als beispielhafte Berechnungen gekennzeichnet.

Mit der Integration der Produktivitätsmessung in das Gesundheitssatellitenkonto können nicht nur die technologischen Veränderungen der Gesundheitswirtschaft aufgezeigt, sondern auch spezifische Produktivitätsentwicklungen im Zusammenhang mit dem krankheitsbedingten Ressourcenverlust

infolge von Arbeitsunfähigkeit, Invalidität und Mortalität simuliert werden
(Stichwort »Beyond GDP«). Voraussetzung ist jedoch die Messung der Entwicklung in dreierlei Hinsicht:

- Die Messung des Faktorinputs (Vorleistungen, Arbeit und Kapital)
  und dessen Veränderungen im Zeitverlauf: Um eine Vergleichbarkeit
  der Werte verschiedener Jahre zu ermöglichen, erfolgt in der Regel eine Preisbereinigung (Deflationierung). Üblicherweise werden dabei die
  Preise der einzelnen Produkte bzw. Vorleistungen, die in die Produktion eines Gutes einfließen, miteinander verglichen. In der Gesundheitsversorgung gibt es jedoch meist unterschiedliche Therapiemöglichkei-
  ten zur Behandlung ein und derselben Krankheit und die Behand-
  lungsprozesse ändern sich häufig (medizinisch-technischer Fortschritt).
  Dies erfordert die Preismessung von produktübergreifenden Behand-
  lungsbündeln einzelner Krankheitsbilder, um Substitutionsprozesse zu
  berücksichtigen (behandlungsbezogene Deflationierung).
- Die Messung der mengenmäßigen und qualitativen Veränderungen des
  Versorgungsgeschehens (Output): Je nach Gesundheitszustand der Bevölkerung nimmt die Häufigkeit einiger Krankheitsbilder im Laufe der
  Zeit zu, während andere an Bedeutung verlieren. Zur Beurteilung der
  Produktionswerte ist deshalb die jeweils konkret behandelte Fallzahl
  (nach Diagnosen) heranzuziehen. Aber auch eine Blinddarmoperation
  vor 10 Jahren ist kaum noch mit einer solchen heute zu vergleichen –
  moderne Narkoseverfahren und minimalinvasive Operationstechniken
  führen zu schnellerer Rekonvaleszenz und kürzeren Krankenhausverweildauern.
- Die Messung der Veränderungen des krankheitsbedingten Ressourcenverlustes infolge von Arbeitsunfähigkeit, Invalidität und Mortalität
  – z. B. als verlorene Erwerbstätigenjahre oder vorzeitige Sterblichkeit (Outcome): Ziel der Gesundheitsversorgung ist die Erhaltung und
  Wiederherstellung der Gesundheit, wobei es eine Eigenheit der Gesundheitswirtschaft ist, dass neben dem Humankapital des Leistungs-
  erbringers das Humankapital des Konsumenten für den Outcome entscheidend ist. Damit erweitert sich die Produktionsfunktion (vgl. Acemoglu 2009).[1] Die klassischen Outputkategorien wie Krankenhaustage

---

[1] Die aggregierte Produktionsfunktion F (Kapitalstock (K), Beschäftigung (L), Stand der
Technik (A)) ist nicht nur um das Gesundheitskapital Q in F (K, l, Q, A) zu erweitern,
sondern auch zu differenzieren F (K, L1, L2, Q1, Q2, A).

Abbildung 2.2: Felder der Produktivitätsmessung

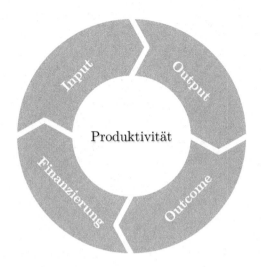

Quelle: Eigene Darstellung.

und Zahl behandelter Fälle sind jedoch wenig aussagekräftig bzgl. der Erreichung dieses Zieles. Der Behandlungserfolg lässt sich nur indirekt mit Indikatoren wie Lebenserwartung, krankheitsbedingte Fehlzeiten und Sterblichkeit messen. Die Entwicklung dieser Indikatoren ist wiederum nicht nur auf die Gesundheitsversorgung zurückzuführen, sondern hängt auch in großem Maße von Lebens- und Ernährungsgewohnheiten ab.

Zuletzt sind die Aspekte der Produktivitätsentwicklung bezüglich der Finanzierung in zweierlei Richtungen zu erläutern (vgl. Abbildung 2.2). Zum einen ist zu ermitteln, welche Produktivitätsänderungen durch verschiedene Finanzierungsformen ausgelöst werden (z. B. infolge der Einführung diagnosebezogener Fallpauschalen im stationären Bereich) und zum anderen, welche Auswirkungen eine Veränderung der Produktivität und des Outcome der Gesundheitswirtschaft auf einzelne Finanzierungsträger haben (z. B. Höhe der Rentenzahlungen infolge von Invalidität und Berufsunfähigkeit).

3 Indikatoren der Produktivität

Constant price measures of inputs and multifactor productivity are essential in accounting for the sources of economic growth.

Jorgenson D.W. 2010

3.1 Begriffsbestimmung

Das Ausmaß und die Richtung von Produktivitätsveränderungen gehören zu den wichtigsten Wirtschaftsindikatoren und sind ein Schlüsselelement in Wachstumsanalysen (BFS 2006). Allgemein gesprochen ist die Produktivität ein Effizienzmaß für einen oder mehrere Produktionsfaktoren, definiert als Output-Input-Verhältnis. Für die Berechnung der Produktivität stehen unterschiedliche Berechnungsmethoden zur Verfügung, die sich grundsätzlich nach der Anzahl der zugrunde liegenden Produktionsfaktoren und nach der Art der Outputmessung einteilen lassen.

Das am häufigsten verwendete Maß für die Produktivität ist die Arbeitsproduktivität, gemessen als Output je Arbeitskraft oder je geleisteter Arbeitsstunde. Sie liefert jedoch nur Teilinformationen über die Gesamtproduktivität, da i. d. R. weitere Faktoren (Kapital) und Vorleistungen wie Energie und Material in den Produktionsprozess eingehen. Benötigt wird deshalb ein Maß, das alle verwendeten Inputs und Outputs einbezieht – die Totale Faktorproduktivität, auch Multifaktorproduktivität (MFP) genannt. Um ein solches Maß zu berechnen, müssen alle Inputs zu einem Indexmaß zusammengefasst werden, ebenso die entsprechenden Outputs (siehe Abbildung 3.1).

Ausgangspunkt der Berechnungen sind dabei das gesamtwirtschaftliche bzw. die sektoralen Gleichgewichte der Volkswirtschaftlichen Gesamtrechnungen, nach welchen die Summe der bewerteten Outputs der Summe der bewerteten Inputs entspricht (Jorgenson, Griliches 1967). Wächst die Summe der bewerteten Outputs schneller als die der bewerteten Inputs, ergibt sich eine Wachstumsdifferenz, die als Multifaktorproduktivität oder Solow-Residuum (Solow 1957) bezeichnet wird. Die Veränderung der MFP besagt somit, um welchen Prozentsatz sich der Output ohne Steigerung des Input erhöht hat.

Infobox 2: Erwerbstätigkeit und Arbeitsproduktivität

Erwerbstätige sind alle Personen im Alter von 15 Jahren und älter, die in einem Arbeitsverhältnis stehen oder selbständig eine Landwirtschaft oder ein Gewerbe betreiben. Auch Personen, die nur als Angehörige bei Verwandten mithelfen oder als Aushilfe vorübergehend angestellt sind, sowie Personen mit Ein-Euro-Jobs zählen als erwerbstätig.

Die *Arbeitsproduktivität* entspricht der realen Produktion eines Produktionsbereichs je Arbeitsstunde. Sie wird auch als reale Wertschöpfung je Erwerbstätigen gemessen. Sie ist eine Teilproduktivität, bei welcher die gesamte Produktion bzw. der gesamte Ertrag der wirtschaftlichen Tätigkeit ausschließlich auf den Produktionsfaktor Arbeit bezogen wird. Da sich die Arbeitsproduktivität in vielen Gesundheitswirtschaftlichen Bereichen (beispielsweise in Pflegeeinrichtungen) nicht beliebig steigern lässt, wirkt sich die steigende Nachfrage im Gesundheitsbereich positiv auf die Beschäftigung aus. Voraussetzung für einen solchen Beschäftigungseffekt ist, dass ausreichend qualifizierte Arbeitskräfte zur Verfügung stehen.

Idealerweise berücksichtigt die Produktivitätsberechnung nicht nur die zeitliche Beanspruchung des Faktors Arbeit, z. B. in sogenannten Vollzeitäquivalenten (VZÄ) wie in der Gesundheitspersonalrechnung oder in Arbeitsstunden wie in der Erwerbstätigenrechnung des Statistischen Bundesamtes, sondern auch die qualitative Zusammensetzung nach Berufen und Qualifikationsniveau.

Infobox 3: Totale Faktorproduktivität

Wirtschaftliches Wachstum setzt sich aus einer Vielzahl einzelwirtschaftlicher Ereignisse und Komponenten zusammen. Infolgedessen ist es für weitergehende Erkenntnisse zweckmäßig, das gesamtwirtschaftliche Wachstum aufzugliedern (grundlegend Solow 1957). Diese Zerlegung des Wachstums (growth accounting) ermöglicht es, direkte Wachstumsbeiträge unterschiedlicher Produktionsfaktoren (z. B. Arbeit und Kapital) sowie den indirekten Einfluss des faktorungebundenen, exogenen technologischen Wandels zu unterscheiden. Letzterer ergibt sich unter strikt neoklassischen Annahmen (perfekter Wettbewerbsmarkt, keine Externalitäten u. ä.) als der Teil des Outputs, der nicht durch Inputanteile erklärt werden kann (Comin 2008). Dies wird als »Solow-Residuum«, Totale Faktorproduktivität oder – wie hier im Folgenden – als Multifaktorproduktivität bezeichnet (Peneder et al. 2006). Die Messung der Multifaktorproduktivität setzt somit eine volumenmäßige Erfassung der im Index verwendeten Outputs (Produktionswert oder Wertschöpfung) sowie der Inputs (Arbeit, Kapital, gegebenenfalls Vorleistungen) voraus. Neben der Deflationierung der Produktionswerte sollte das Preiskonzept auch Qualitätsverbesserungen Rechnung tragen.

Lässt man dagegen die Möglichkeit von Marktunvollständigkeiten zu, enthält das »Solow-Residuum« neben dem technologischen Fortschritt auch Innovationseffekte, Änderungen von Organisation und Institutionen, Messfehler, Skaleneffekte, Externalitäten und ähnliche unsicherheitsbedingte Bestandteile (Hulten 2001).

Die Berechnung der Multifaktorproduktivität hängt zentral von der Verfügbarkeit von Daten und der adäquaten Messung des In- und Outputs ab. Im Folgenden wird sich der Bestimmung der zu verwendenden Indikatoren theoretisch genähert und auf die Berechnung der Faktorproduktivitäten im Idealfall bei der vollständigen Verfügbarkeit der entsprechenden Daten eingegangen.

3.2 Indizes der Produktivitätsveränderung

Zur Messung der Produktivität und des Produktivitätsfortschritts über einen Zeitraum werden vielfach Indizes bzw. Indexzahlen genutzt. Hierunter versteht man Maßzahlen, die die Veränderung von Variablen über den Raum und/oder die Zeit sowie Unterschiede zwischen Wirtschaftssektoren oder Regionen oder Staaten bilden. Indices sollten dabei bestimmte Eigenschaften genügen bzw. Test erfüllen, um Veränderungen valide zu messen (Diewert 1987).

Malmquist-Index

Der Malmquist-Index wurde erstmals von *Malmquist* im Jahr 1953 eingeführt. Der Index basiert auf Distanzfunktionen, die multiple Input- und multiple Output-Technologien abbilden (detailliert: Abschnitt A.3 im Anhang). Zur Berechnung werden nur Mengenangaben für die In- und Outputs benötigt – nicht aber Angaben zu Kosten oder Erlösen. Dies ist auch der Unterschied zum Törnqvist-Index, der zur Aggregation der verschiedenen In- und Output-Größen Kostenanteile (cost-shares) verwendet (Färe et al. 1994).

Der Malmquist-Produktivitätsindex zur Messung der Multifaktorproduktivität lässt sich auf unterschiedlichen Wegen berechnen. Zum einen können parametrische Verfahren verwendet werden, die ihren Ausgangspunkt in der Spezifizierung einer Produktionsfunktion haben, zum anderen lassen sich nichtparametrische Verfahren nutzen (ohne Produktionsfunktion). Für ein nichtparametrisches Verfahren steht die Data Envelopment Analysis (DEA).

Törnqvist-Index

Ein alternativer Index zur Messung von Produktivitätsveränderungen ist der Törnqvist-Index. Im Gegensatz zum Malmquist-Ansatz setzt dieser Ansatz allerdings voraus, dass der Output eindimensional darstellbar ist und

Abbildung 3.1: Komponenten der Produktivität

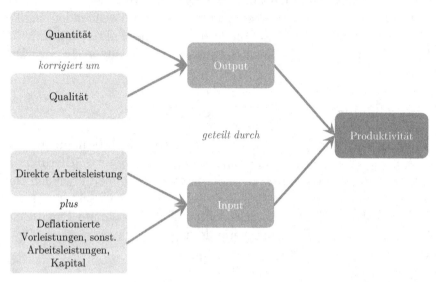

Quelle: Eigene Darstellung nach Wild 2009.

eine gemeinsame Produktionsfunktion vom Cobb-Douglas-Typ identifiziert werden kann (näher: Abschnitt A.3 im Anhang).

Jedoch bietet der Törnqvist-Ansatz[1] auch einen entscheidenden Vorteil: Während beim Malmquist-Ansatz zwingend mehrere Beobachtungen pro Zeitperiode erforderlich sind, um die Effizienzfront berechnen zu können, reicht beim traditionellen Ansatz eine Beobachtung pro Zeitperiode aus, um Aussagen zum Wachstum in einer Branche zu machen. Beide Ansätze haben damit ihre Berechtigung für unterschiedliche Fragestellungen. Beide haben jedoch gemeinsam, dass sie auf eine methodisch korrekte Definition und Messung von Outputs und Inputs angewiesen sind.

---

[1]   Zur Analytik siehe insbesondere Abschnitt A.3 zur EU KLEMS-Methodik.

3.3 Empirische Ansätze

Produktivitäts- und Effizienzmaße können nicht nur angewandt werden, um für einen bestimmten Zeitpunkt ein entsprechendes Niveau zu bestimmen und damit einen Vergleich zwischen der Gesundheitswirtschaft und der Nicht-Gesundheitswirtschaft vorzunehmen (statische Betrachtung). Entscheidender ist vor allem der Produktivitätsfortschritt bzw. die Effizienzverbesserung über die Zeit (dynamische Betrachtung).

In Tabelle 3.1 werden empirische Ansätze zur Messung der Produktivitätsentwicklung vorgestellt. Die hier ausgewählten und im Anhang (Abschnitt A.3) ausführlich beschriebenen Ansätze stimmen in ihrem Ziel überein, aus verfügbaren Daten[2] entsprechende Approximationen der Produktivitätsentwicklung zu generieren. Sie unterscheiden sich jedoch teilweise erheblich in der Definition von In- und Output sowie – infolge der unterschiedlichen Datensituation – in ihrer analytischen Tiefe.

Den wohl umfassendsten und technisch aufwendigsten Ansatz stellt die *EU KLEMS*-Methodik dar. Insbesondere die Untergliederung des Faktors Arbeit in 18 Beschäftigungstypen hebt ihn von den anderen Ansätzen ab. Die von der OECD eingeführte Methodik ist im Vergleich zum EU KLEMS-Ansatz deutlich einfacher gehalten. Berechnet wird hierbei lediglich die gesamtwirtschaftliche Multifaktorproduktivität – nicht einzelne Industriezweige – und es kann daher auf einen Wertschöpfungsansatz ohne Berücksichtigung von Vorleistungen zurückgegriffen werden. Einen ähnlichen Ansatz wie die OECD zur Bestimmung der Multifaktorproduktivität verwendet auch die *EU-Kommission*. Der Schweizer Ansatz des dortigen *BFS* verbessert die OECD-Methodik dahingehend, dass er anstelle des Kapitalstocks auf Kapitalleistungen zur Messung des Inputfaktors Kapital zurückgreift.

Als methodisch ausgereift und in der Gliederungstiefe dem EU KLEMS-Ansatz am nächsten kommend stellen sich die US-amerikanischen *BLS Multifactor Productivity Measures* dar. Wie EU KLEMS präsentieren sie Berechnungen zur Multifaktorproduktivität sowohl auf Wertschöpfungsbasis (für den Hauptsektor Privatwirtschaft) als auch auf Produktionswertbasis (18 Industriesektoren). Zudem nimmt das BLS aufwendige Preisbereinigungsverfahren vor; mitunter gehen physische Outputgrößen in den Gesamt-

---

[2] Insbesondere die mangelnde Verfügbarkeit von Daten stellte in der Vergangenheit ein Haupthindernis für die empirische Bestimmung von Produktivitätsentwicklungen dar (Timmer, O'Mahony, van Ark 2007). Zu weitergehenden Ansätzen der Produktivitätsanalyse, die auf Mikrodaten aufbauen, vgl. Bartelsman, Doms 2000 und Syverson 2011

Outputindex ein. Der Ansatz des britischen UKCeMGA bleibt hinter allen anderen Ansätzen zurück, da er – mangels verfügbarer Input-Output-Daten – keine Berechnung einer Multifaktorproduktivität bereitstellt. Dafür führt er jedoch mit der Triangulation eine wertvolle Ergänzung zur ansonsten rein quantitativen Methodik ein (vgl. ONS 2010, UKCeGMA 2010). Allerdings gilt es, diese zu systematisieren.

Infobox 4: Triangulation

Die Triangulation soll durch Bereitstellung zusätzlicher Kontextinformationen die Interpretation von Produktivitätsentwicklungen im öffentlichen Bereich unterstützen, um Fehlinterpretationen zu vermeiden. Durch die Einbeziehung weiterer Studien und Überprüfung der Zusammenhänge dient sie der Validierung der gefundenen Ergebnisse. Unsicherheiten in der Messung der Input- und Outputgrößen sollen dadurch verringert werden. Hierfür werden methodisch differierende quantitative und qualitative Arbeiten herangezogen und mit den eigenen Ergebnissen in Verbindung gebracht, um den Untersuchungsgegenstand aus mehr als nur einer Perspektive betrachten und bewerten zu können (Atkinson 2005; Kermode und Roberts 2006). Allerdings benötigt die Einbeziehung qualitativer Informationen auch klar strukturierter Regeln, um die Vergleichbarkeit zu gewährleisten (siehe die Ausführungen zu Zahnerkrankungen, Abschnitt 6.2).

Das Konzept der Multifaktorproduktivität bietet bei richtiger Implementierung einen vielversprechenden Ansatz zur Messung der Produktivität einzelner Wirtschaftsbereiche (Hulten 2001) – und damit auch der Gesundheitswirtschaft. Basierend auf den Erfahrungen sowie Vor- und Nachteilen der oben dargestellten empirischen Konzepte, kann ein Ansatz entwickelt werden, der drei wichtigen Aspekten hinreichend Rechnung trägt:

1) Limitationen der *vorhandenen Datenlage*, insbesondere mit Blick auf das Satellitenkonto für die Gesundheitswirtschaft, die Verfügbarkeit von Preisindizes sowie hinsichtlich der Informationen zu den einzelnen Inputfaktoren werden explizit berücksichtigt.

2) Eine Betrachtung nach dem gewünschten *Erkenntnisgegenstand* (gesamte Gesundheitswirtschaft oder einzelne Krankheitskosten) ist möglich.

3) *Zusätzliche Interpretationshilfen* der gefundenen Resultate – etwa durch das Triangulationskonzept, das zusätzliche Informationen über die Zusammensetzung der Multifaktorproduktivität (»echte« Produktivitätsentwicklung vs. Messfehler und Marktunvollständigkeiten) erlaubt – können bereitgestellt werden.

Hervorzuheben ist hierbei, dass insbesondere die Datensituation die spä-

Tabelle 3.1: Empirische Ansätze der Produktivitätsmessung

Methode	Output	Kapital	Input Arbeit	Vorleistungen	Ansatz
EU KLEMS	Produktionswerte real	Kapitalleistungen, 7 Güterklassen davon: 3 ICT, 4 Nicht-ICT	18 Beschäftigungstypen: 3 Qualifikationsgrade x 2 Geschlechter x 3 Altersgruppen	3 Güterklassen (Energie, Vorleistungsgüter Vorleistungsdienstleistungen)	Wertschöpfung (Gesamtwirtschaft) Produktionswert (niedrigstmögliches Niveau)
UKCeGMA			8 Beschäftigungstypen	3 Güterklassen	Produktionswert
OECD Productivity Database		Nettokapitalstock	Arbeitsstunden	-	Wertschöpfung
BLS Multifactor Productivity	Nominaler Output	Kapitalleistungen 31 Güterklassen	Arbeitsstunden -	3 Güterklassen	Wertschöpfung
EU Kommission	BIP	Kapitalstock	Arbeitsstunden	-	Wertschöpfung
BFS Schweiz	BIP Vorjahrespreise	Kapitalleistungen 10 Güterklassen	Arbeitsstunden	-	Wertschöpfung
BASYS/IEGUS/GÖZ	Produktionswerte real	Bruttoanlagevermögen	Arbeitsstunden	19 Güterklassen	Produktionswert

Quelle: Eigene Darstellung.

tere Konzeption in erheblichem Maße determiniert – etwa in der Frage, ob ein Ansatz auf Wertschöpfungs- oder Produktionswertbasis gewählt werden sollte, wie der Faktor Kapital gemessen werden soll (Kapitalstock oder Kapitalleistungen) oder auf welche Weise eine Preisbereinigung der Outputeinheiten vorgenommen werden kann.

Die zur Modellberechnung verwendeten Daten der GW greifen, wie im folgenden Kapitel näher ausgeführt werden soll, auf das Gesundheitssatellitenkonto zurück. Bereits vorab ist hierbei anzumerken, dass der im Kern dieser Untersuchung realisierte Ansatz bei der Messung des Outputs (preisbereinigt, auf Produktionswertbasis) den methodisch ausgereiften Ansätzen von EU KLEMS und BLS entspricht. Gleiches gilt für die Verwendung der Gesamtarbeitsstunden je Sektor zur Abschätzung des Faktors Arbeit. Bei der Messung des Faktors Kapital wird analog der Methodik von OECD oder der EU-Kommission vorgegangen. Da geeignete Angaben zu Kapitalleistungen in den Sektoren der GW nicht zur Verfügung stehen, soll auf den sektoralen Kapitalstock als Proxy für den Faktor Kapital zurückgegriffen werden. Bei der Messung des Faktors Vorleistungen wird schließlich in der vorgelegten Untersuchung weit über die vorgestellten Ansätze hinausgegangen. Durch Berücksichtigung der intersektoralen Vorleistungsverknüpfungen bei der Produktivitätsmessung über die Leontief-Inverse wird zusätzlich zur bisher eingeführten »traditionellen« Multifaktorproduktivitätsberechnung eine verbesserte, *effektive Multifaktorproduktivität* (eMFP) berechnet. Eine solche Berechnung ist aufgrund der Input-Output-Struktur des Gesundheitssatellitenkontos möglich. Hierdurch können auch die in den bisherigen Ansätzen ausgeblendeten, mittelbaren Wirkungen einer Produktivitätsänderung über die Vorleistungsverflechtungen zwischen den Sektoren erstmals berücksichtigt und die Produktivitätsmessung deutlich präzisiert werden.

Im späteren Verlauf werden in Ergänzung zu diesen Darstellungen exemplarisch eine *krankheitsbezogene Produktivitätsberechnung* am Beispiel von Zahnkrankheiten bzw. -behandlungen (Abschnitt 6.2) sowie ein »Malmquist-Index für den Krankenhaussektor« (Abschnitt 5.4) vorgenommen. Die hierfür herangezogenen Daten, die teilweise außerhalb des Produktionswertkonzeptes stehen, werden an entsprechender Stelle näher betrachtet und ihre Heranziehung begründet.

4 Das Gesundheitssatellitenkonto als Rechengrundlage

National Health accounts ... are an essential part of assessing the success of a health system and of identifying opportunities for improvement.

WHO, Worldbank, USAID 2003

4.1 Güter der Gesundheitswirtschaft

Input- und Outputindikatoren fügen sich in der Input-Output-Tabelle zu einem konsistenten Bild zusammen. Das im Auftrag des Bundesministeriums für Wirtschaft und Technologie (BMWi) erstellte Satellitenkonto für die Gesundheitswirtschaft in Deutschland dient deshalb als Ausgangspunkt für die Berechnungen dieser Studie. Im Rahmen dieses Abschnitts werden ein Überblick über die relevanten Strukturen des Gesundheitssatellitenkontos gegeben und Erweiterungen für den Zeitraum 2002 – 2010 vorgenommen. Weitere Ausführungen zur Methodik finden sich im Anhang (Abschnitt 9).

Da das Gesundheitssatellitenkonto alle Güter erfasst, die gesundheitsrelevant sind, können dessen Daten für die Analyse der Produktivität herangezogen werden. Insgesamt werden rund 500 Güter der Volkswirtschaftlichen Gesamtrechnungen (VGR) zu Gütergruppen und Produktionsbereichen in einer Gesundheits-Input-Output-Tabelle aggregiert. Innerhalb der Güter kann zwischen Waren, Handelsleistungen und Dienstleistungen der Gesundheitswirtschaft differenziert werden.

Für diese Untersuchung werden 12 Teilbereiche der Gesundheitswirtschaft unterschieden, die bestimmte Typen von Gütern in Produktionsbereiche bündeln. Ergänzt wird die Darstellung der Restwirtschaft, die in sieben Untergruppen aufgeteilt wird.[1] Die sieben Gütergruppen der Nicht-Gesundheitswirtschaft wurden so gewählt, dass dafür Werte bis zum jeweils aktuellen Rand der Berechnungen der VGR vorliegen. Eine tiefergehende Gliederung ist technisch möglich, setzt jedoch entsprechende Daten voraus.

---

[1] Die detaillierte Zuordnung kann dem Anhang A.5 entnommen werden.

Infobox 5: Gütergruppen und Produktionsbereiche des GSK

Der Kernbereich der Gesundheitswirtschaft umfasst das Gesundheitswesen in der traditionellen Abgrenzung der Gesundheitsausgabenrechnung nach internationalen Empfehlungen (vgl. OECD 2000). Die Abgrenzung der Erweiterten Gesundheitswirtschaft folgt den Berechnungen des Gesundheitssatellitenkontos auf Bundesebene in Deutschland (vgl. Henke, Neumann, Schneider et al. 2009) und wurde für die Analyse der Investitionstätigkeit um relevante Bauleistungen erweitert (vgl. BASYS 2010, BASYS, GÖZ 2012).

Kernbereich der Gesundheitswirtschaft
KIH Industrielle Waren und Handel des Kernbereichs
- Pharmazeutische Produkte
- Medizintechnische Produkte
- Einzelhandelsleistungen des Kernbereichs
- Sonstige Handelsleistungen des Kernbereichs
KDL Dienstleistungen des Kernbereichs der Gesundheitswirtschaft
- Krankenversicherungs- und sonstige Verwaltungsleistungen
- Dienstleistungen stationärer Einrichtungen
- Dienstleistungen nicht-stationärer Einrichtungen

Erweiterter Bereich der Gesundheitswirtschaft
EIH Gesundheitswaren und Handelsleistungen des Erweiterten Bereichs
- Gesundheitswaren des Erweiterten Bereichs
- Handelsleistungen des Erweiterten Bereichs
- Gesundheitsrelevante Bautätigkeit
EDL Gesundheitsdienstleistungen des Erweiterten Bereichs
- Dienstleistungen für Sport, Fitness, Wellness, Gesundheitstourismus
- Sonstige Gesundheitsdienstleistungen des Erweiterten Bereichs
- Gesundheitsrelevante Ausbildung und Forschung

Güter Nicht-Gesundheitswirtschaft
NIH Industrielle Waren und Handel der Nicht-Gesundheitswirtschaft
- Erzeugnisse der Land- und Forstwirtschaft, Fischerei
- Erzeugnisse des Bergbaus, Steine und Erden, Energie und Wasserversorgung
- Erzeugnisse des Verarbeitenden Gewerbes
- Erzeugnisse des Baugewerbes
- Handel, Verkehr, Gastgewerbe, Information und Kommunikation
NDL Dienstleistungen des Erweiterten Bereichs
- Finanz-, Versicherungs-, Unternehmensdienstleistungen, Grundstücks- und Wohnungswesen
- Öffentliche Dienstleistungen, Erziehung und Sonstige Dienstleistungen

---

Es wurde geprüft, ob die Differenzierung der einzelnen Produktionsbereiche im Projekt »Satellitenkonto der Gesundheitswirtschaft für Deutschland« zur Abbildung der Produktivitätsentwicklung ausreichend ist. Im Ergebnis hat sich gezeigt, dass es für die weiteren Berechnungen sinnvoll ist, die zwei Bereiche »Ausbildung und Forschung« (E4) sowie »Produzenten von Bauinvestitionen der Gesundheitswirtschaft« (E5) extra auszuweisen.

4.2 Wirtschaftsbereiche der Gesundheitswirtschaft

Bei der Betrachtung der Produktivität ist die Unterscheidung zwischen Gütern und Wirtschaftsbereichen insofern wichtig, als Unternehmen in der Regel mehrere Produkte herstellen. Ganz offensichtlich ist dies beispielsweise im Krankenhaus, welches in der Regel Patienten stationär, aber auch ambulant behandelt. Im Input-Output-System wird dem Unterschied durch unterschiedliche Tabellentypen Rechnung getragen. Die Aufkommenstabelle zeigt das Güteraufkommen der Gesundheitswirtschaft nach Gütergruppen und Wirtschaftsbereichen. Die Verwendungstabelle stellt dar, wie diese Güter von den Wirtschaftsbereichen und der Endnachfrage verwendet werden. Schließlich fasst die Input-Output-Tabelle die Ergebnisse beider Tabellen zusammen, wobei Annahmen über die Technologie getroffen werden: Gütertechnologie versus Industrietechnologie.[2]

Die Wirtschaftsbereiche der Gesundheitswirtschaft werden statistisch nach ihrem überwiegenden Output klassifiziert. Das kann bei einzelnen Gütern zu Ungenauigkeiten im Hinblick auf das Produktionsvolumen führen. Beispielsweise werden eine Reihe großer Pharmaunternehmen in Deutschland als Großhandelsunternehmen geführt und scheinen deshalb nicht im Wirtschaftsbereiche "Pharmazeutische Industrieäuf (vgl. Schneider 2013).

4.3 Technologien

Das Gesundheitssatellitenkonto eignet sich besonders für die Darstellung der bereichsübergreifenden und bereichsspezifischen Produktionsentwicklungen der GW. Inwieweit die Produktivität in den einzelnen Bereichen der Gesundheitswirtschaft unter bzw. über der gesamtwirtschaftlichen Produktivitätsdynamik bleibt, hängt wesentlich vom Technologieeinsatz ab, der im Gesundheitssatellitenkonto durch die Vorleistungs-, Arbeits- und Kapitalkoeffizienten beschrieben werden kann. Dabei bleibt zu beachten, dass Vor-

---

[2] Gütertechnologie bedeutet, dass jedes Gut mit einer eigenen Technologie erstellt wird, wobei die Technologie des Wirtschaftsbereichs unerheblich ist. Bei der Industrietechnologie gilt die Technologie des Wirtschaftsbereichs.

leistungen, Arbeit und Kapital selbst wieder Aggregate heterogener Teilfaktoren mit unterschiedlichen Preisen darstellen.

Vorleistungsstruktur

Die Produktion von Gütern und Dienstleistungen erfolgt in einem arbeitsteiligen Prozess mit zahlreichen Verflechtungen zwischen den einzelnen Unternehmen. Je ausgeprägter die Arbeitsteilung und je größer die Belieferung mit Vorleistungen ist, desto umfangreicher ist die Verflechtung innerhalb einer Volkswirtschaft. Unterschieden wird dabei zwischen den intra- und intersektoralen Vorleistungen. Die Leistungen aus dem »Rest« der Volkswirtschaft, wie z. B. von der chemischen Industrie, der Textilindustrie, der Energiewirtschaft und dem Verkehrsgewerbe gehören zu intersektoralen Vorleistungen. Aber auch innerhalb der Gesundheitswirtschaft existieren solche Verflechtungen (intrasektorale Vorleistungen). Hierzu zählen u. a. die Güter der Pharmaindustrie oder der Medizintechnik.

Die intermediären Inputs, die im Wirtschaftskreislauf weiterverwendet werden, lassen sich unter verschiedenen Technologieannahmen berechnen. Der *symmetrischen Input-Output-Tabelle* des Gesundheitssatellitenkontos liegt die Gütertechnologieannahme zugrunde. Güter werden demnach unabhängig vom Wirtschaftszweig mit der gleichen Technologie (Einsatz von intermediären und primären Inputs in Relation zum Output) produziert. Beispielsweise werden ambulante Leistungen im Krankenhaus mit derselben Technologie wie in Arztpraxen produziert. Bei der Industrietechnologieannahme würden ambulante Leistungen jedoch mit der gleichen Technologie wie stationäre Leistungen erbracht. In der weit überwiegenden Zahl von Behandlungsfällen trifft die Industrietechnologieannahme sicherlich nicht zu, da Vorhaltung, Pflege, Management sich stationär völlig anders als ambulant darstellen.

Das Verhältnis von intermediärem Inputwert zum Produktionswert (Output) wird auch als *Inputkoeffizient* bezeichnet (vertikaler Koeffizient, auch technischer oder Produktionskoeffizient genannt vgl. Holub, Schnabl 1994, S. 152). Inputkoeffizienten geben die Kostenstruktur an Vorleistungen des jeweiligen Produktionsbereichs wieder.

Abbildung 4.1 zeigt die Struktur der Inputkoeffizienten der HIOT 2005 unter der Gütertechnologieannahme bei einer Verdichtung auf 19 x 19 Güter und Produktionsbereiche. Auffällig ist unmittelbar die hohe Abhängigkeit der Gesundheitswirtschaft von der Nicht-Gesundheitswirtschaft.

Zwei Teilbereiche der Abbildung sind zu unterscheiden. Auf der linken

Seite werden in den Produktionsbereichen der Nicht-Gesundheitswirtschaft (1 – 7) kaum Vorleistungen der Gesundheitswirtschaft bezogen. Die intermediären Inputs stammen aus der Nicht-Gesundheitswirtschaft, darunter sind vor allem Erzeugnisse des Verarbeitenden Gewerbes und der privaten Dienstleistungen. Vorleistungen der Gesundheitswirtschaft für den Produktionsfaktor »Arbeit« sind in dieser Darstellung nicht enthalten, da dieser Primärfaktor im statischen Input-Output-Modell exogen behandelt wird.

Ab dem Produktionsbereich 8 bis hin zum rechten Rand (Produktionsbereich 19 »Gesundheitsrelevante Bauwirtschaft«), also allen Produktionsbereichen der Gesundheitswirtschaft, werden hingegen auch Vorleistungen direkt aus der Gesundheitswirtschaft bezogen. Dass die Koeffizienten für die Gesundheitswirtschaft kleiner als für die Nicht-Gesundheitswirtschaft sind, hängt u. a. mit der starken Verdichtung der Nicht-Gesundheitswirtschaft zusammen. Je mehr Produktionsbereiche unterschieden werden, desto kleiner die Inputkoeffizienten.

Das OECD Manual 2001 schlägt für die Messung der Vorleistungen als Inputfaktor eine größtmögliche Aufgliederung der Produkte und die Berechnung eines Törnqvist-Index vor. Dieser Vorgehensweise wird hier im Prinzip gefolgt, wobei allerdings die Vorleistungen zunächst nicht weiter aufgegliedert werden. Ausgehend von der obigen Gliederung ist jedoch eine weitere Differenzierung wünschenswert. So interessiert speziell, welche Rolle den gesundheitsspezifischen Vorleistungsgütern bei der Produktivitätsentwicklung der stationären und nicht-stationären Dienstleistungen zukommt.

Fachkräftestruktur, Arbeitnehmer und Selbständige

Wirtschaftspotential und Wachstumsdynamik der Gesundheitswirtschaft hängen vor allem davon ab, ob eine ausreichende Anzahl von qualifizierten Arbeitskräften zur Verfügung steht. Aufgrund des demografischen Wandels wird nach vorliegenden Projektionen in Deutschland bei den Beschäftigten in Pflegeberufen ab 2018 ein massiver Mangel eintreten (Afentakis, Maier 2010). Auch kommt es in der Folgezeit zu einem Anstieg des Personalmangels bei Ärzten und nicht-ärztlichen Fachkräften sowohl im stationären als auch im ambulanten Bereich (WifOR, PWC 2010).

Die Anzahl der Erwerbstätigen in den jeweiligen Produktionsbereichen der Gesundheitswirtschaft bildet zunächst den Ausgangspunkt für den Input »Arbeit« in der Produktivitätsberechnung. Eine solche Definition für Arbeitsproduktivität ist jedoch relativ grob, da die Anzahl der Erwerbstätigen die aufgewendete Arbeit (in Arbeitsstunden) kaum widerspiegelt. Dies

Abbildung 4.1: Struktur der HIOT-Inputkoeffizienten, 2005

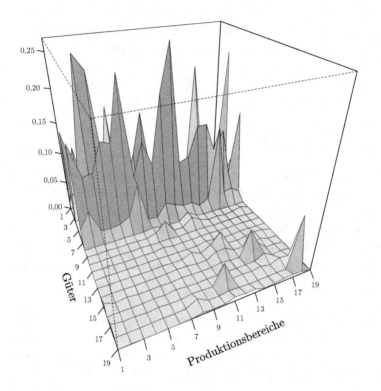

Quelle: Eigene Darstellung.

ist gerade auch im Kern der Gesundheitswirtschaft mit einem hohen Anteil an Teilzeitkräften der Fall (Afentakis, Böhm 2009). Im Hinblick auf die immer mehr an Bedeutung gewinnende Teilzeit- und geringfügige Beschäftigung ist der Bezug auf das *Arbeitsvolumen*, d. h. die tatsächlich geleistete Arbeitszeit aller Erwerbstätigen, das zutreffendere Produktivitätsmaß. Diese umfasst die tatsächlich geleistete Arbeitszeit sowohl als Arbeitnehmer oder als Selbständiger, die auf wirtschaftlichen Erwerb gerichtet ist. Hierzu zählen auch die geleisteten Arbeitsstunden von Personen mit mehreren gleichzeitigen Beschäftigungsverhältnissen. Das Arbeitsvolumen umfasst somit die Gesamtzahl der während des Rechnungszeitraums am Arbeitsplatz (Beschäftigungsfall) von Arbeitnehmern und Selbständigen tatsächlich geleisteten Stunden. Als Alternative zum Arbeitsvolumen, das die genaueste Messgröße für den Arbeitseinsatz ist, ist die Berechnung von Vollzeitäquivalenten zu sehen (Eurostat 1996, Kapitel 11.32).

Ein weiterer Aspekt des Produktionsfaktors »Arbeit« ist die Unterscheidung zwischen *Arbeitnehmern* und »Selbständigen«. Nicht-stationäre Dienstleistungen werden in der Gesundheitswirtschaft vielfach von Selbständigen - niedergelassene Ärzte, Zahnärzte, Apotheker, Psycholgen, Physiotherapeuten, Hebammen, Heilpraktiker, etc. - erbracht. Die Messung der Produktivität steht deshalb vor dem Problem, die Selbständigeneinkommen aus den Betriebsüberschüssen herauszurechnen. Im Rahmen dieser Studie werden die Betriebsüberschüsse standardmäßig bereinigt und die Selbständigeneinkommen mit den durchschnittlichen Arbeitnehmereinkommen angesetzt.[3]

Kapitalstock und Kapitalstruktur

Neben den Erwerbstätigen spielt der *Kapitalstock* bzw. das *Bruttoanlagevermögen* als Produktionsfaktor in der Gesundheitswirtschaft eine bedeutende Rolle. In der VGR umfasst das Anlagevermögen alle Vermögensgüter, die länger als ein Jahr wiederholt oder dauerhaft in der Produktion eingesetzt werden. Hierzu gehören Bauten, Fahrzeuge, Maschinen, aber auch immaterielle Anlagen wie beispielsweise Software. Das Anlagevermögen bzw. der Kapitalstock ist innerhalb der Vermögensrechnung der wichtigste Indika-

---

[3] Aufgrund der relativ hohen Einkommensunterschiede in Arzt- und Zahnarztpraxen im Vergleich zum durchschnittlichen Arbeitseinkommen ist diese Vorgehensweise nur Second-Best und sollte in Zukunft durch genaue Einkommensberechnungen ersetzt werden. Ein alternatives Verfahren wurde bei der Analyse der Produktivität von Leistungen für Zahnarztpraxen angewendet (vgl. Abschnitt 6.2).

tor dafür, wie das Volksvermögen durch die Produktionstätigkeit gesteigert wird und damit gleichzeitig die Voraussetzungen für die weitere Herstellung von Waren und die Erbringung von Dienstleistungen geschaffen werden (vgl. Schmalwasser, Schidlowski 2006). Ermittelt wird das Anlagevermögen aus den Investitionen der Vergangenheit und den geschätzten durchschnittlichen Nutzungsdauern der Anlagegütergruppen. Ein Maß für die Nutzung bzw. den Wertverzehr des Anlagevermögens in einer Zeitperiode sind die volkswirtschaftlichen Abschreibungen.

Wie die beiden Produktionsfaktoren Kapital und Arbeit im Verhältnis zueinander stehen, zeigt die Kapitalintensität. Die Kapitalintensität beschreibt das Verhältnis zwischen Kapitalstock und Zahl der Erwerbstätigen und misst damit den durchschnittlichen Kapitaleinsatz je Erwerbstätigem. Bereits in einer früheren Arbeit von BASYS wurde die Kapitalintensität für fünf Produktionsbereiche der Gesundheitswirtschaft berechnet und gezeigt, dass die Kapitalbildung in der Gesundheitswirtschaft einen Einfluss auf die Arbeitskräftenachfrage hat (Dennerlein et al. 1990).

Nach den veröffentlichten Daten des Statistischen Bundesamtes gliedert sich der Kapitalstock, d. h. das Bruttoanlagevermögen am Jahresende (preisbereinigt, Kettenindex 2005=100), in zwei Gütergruppen: (1) Ausrüstungen und sonstige Anlagen und (2) Bauten. Für die Berechnung verwendet das Statistische Bundesamt eine noch tiefergehende Investitionsgütergliederung. Die Unterscheidung der Art der Investitionsgüter ist insofern relevant, da diese eine unterschiedliche Lebensdauer haben. Beispielsweise verwendet das Statistische Bundesamt für Bauten eine durchschnittliche Lebensdauer von 50 Jahren. Im Durchschnitt wären somit Bauten des Jahres 1960 erst im Jahr 2010 abgeschrieben. Für die Berechnung nach der *Perpetual-Inventory Methode* bedeutet dies, dass die Bauinvestitionen des Jahres 1960 bekannt sein müssten. Solche Zeitreihen liegen jedoch für die Neuen Bundesländer nicht vor. Das Statistische Bundesamt weist das Bruttoanlagevermögen für 64 Wirtschaftszweige seit 1991 aus. Über Annahmen ist eine näherungsweise Berechnung für die Gesundheitswirtschaft möglich, deren Qualität als ausreichend für diese Studie einzustufen ist. Diese Berechnungen können allerdings die tiefergehenden internen Berechnungen durch das Statistische Bundesamt nicht ersetzen. Für die Berechnung des Kapitalstocks der Produktionsbereiche der Gesundheitswirtschaft wurde der Kapitalstock je Erwerbstätigem (Kapitalintensität) getrennt in Ausrüstungen und Bauten herangezogen (vgl. Abschnitt A.5).

4.4 Bewertungsansätze

Nur durch eine entsprechende Bewertung mittels eines einheitlichen Maßstabs können die heterogenen Güter oder Dienstleistungen der Gesundheitswirtschaft miteinander verglichen oder aggregiert werden. Prinzipiell bestehen Möglichkeiten der Bewertung durch Preise (Geldeinheiten) oder andere Bewertungsmaßstäbe, wie z. B. Arbeitsstunden.

Das Umsatzwachstum der Gesundheitswirtschaft lässt ohne Kenntnis der Preisentwicklung (Inflation) keine Schlüsse darüber zu, ob eine Verbesserung der Versorgung mit Gesundheitsleistungen vorliegt und/oder ob die Entwicklung vor allem auf Preissteigerungen beruht. Im Extremfall kann eine Expansion öffentlicher Ausgaben sogar mit Einbußen in der Versorgung einhergehen. Der Ermittlung aussagekräftiger Preisbeschreibungen kommt daher eine zentrale Rolle zu (vgl. Statistisches Bundesamt 1998).

Im Falle der marktbestimmten Produktion werden für die Volumenberechnung geeignete Methoden zur Deflationierung (Bereinigung um ausschließlich preisbedingte Effekte) der Aggregate zu jeweiligen Preisen benötigt, um den Produktionswert zu ermitteln. Auch für einen längerfristigen Vergleich ist es notwendig, die Produktivität anhand preisbereinigter Angaben zu berechnen. Hierbei hängt das Ergebnis von der Methode der Preisbereinigung ab. Auch wirken sich alle Probleme der Deflationierung unmittelbar auf die Kennziffern der Produktivität aus. Schwierigkeiten bestehen vor allem in der adäquaten Berücksichtigung von Qualitätsänderungen von Produkten.

Preiskonzepte

Die im Gesundheitssatellitenkonto ausgewiesenen Güter und Dienstleistungen können je nach Fragestellung unterschiedlich bewertet werden. So kann ein Gut in der Gesundheitswirtschaft je nachdem, ob es z. B. vom Produzenten, Großhändler oder Einzelhändler verkauft wird und ob die Umsatzsteuer eingerechnet wird oder nicht, zu unterschiedlichen Preisen erfasst werden. Daher können bei der Aufstellung von Input-Output-Tabellen unterschiedliche Preiskonzepte, d. h. Regeln der Bewertung ökonomischer Tatbestände, angewandt werden. Die Produktionswerte und die Bruttowertschöpfung der Produktionsbereiche des Gesundheitssatellitenkontos sind nach dem *Herstellungspreiskonzept* (basic prices) berechnet worden.

Der Herstellungspreis ist der Betrag, den das Unternehmen je Einheit der produzierten Waren oder Dienstleistungen erhält, abzüglich der auf die produzierten oder verkauften Güter zu zahlenden Steuern, zuzüglich aller empfangenen Subventionen, die auf die produzierten oder verkauften Güter gewährt werden (ohne Gütersteuern und einschließlich Gütersubventionen).

Die Faktorpreise bestimmen zusammen mit den Faktoreinsatzmengen die Kosten der an der Produktionsleistung beteiligten Faktoren. Die Faktorentgelte werden (abgesehen von den Abschreibungen) vom Statistischen Bundesamt zu laufenden Preisen ausgewiesen. Entsprechend der Gliederung der Produktionsfaktoren werden die Faktorpreise differenziert in die Preise für Vorleistungsgüter, Arbeit und Kapital. Die Vorleistungsgüter des Gesundheitssatellitenkontos sind nach dem *Anschaffungspreiskonzept* (purchaser prices) bewertet .

Für die Berechnungen der Produktivität nach Produktionsbereichen des Gesundheitssatellitenkontos wird dabei auf die Herstellungspreise abgestellt. Für jeden Produktionsbereich des Gesundheitssatellitenkontos wird ein Deflationierungsverfahren festgelegt. Hierbei wird den datentechnischen Möglichkeiten Rechnung getragen. Für die Deflationierung der Wertschöpfung wird auf die Methode der *doppelten Deflationierung* zurückgegriffen (zum Berechnungsverfahren vgl. Anhang 9.7).

Deflationierung und Qualitätsbereinigung

Der Wert von Waren und Dienstleistungen kann in jeweiligen Preisen, d. h. in Preisen des jeweiligen Berichtsjahres (Nominalwerte), oder preisbereinigt und somit frei von Inflationseffekten dargestellt werden. Wird die Produktivität über einen längeren Zeitraum analysiert, ist für die monetären Größen eine Preisbereinigung erforderlich. Die Frage der Deflationierung hat dabei einen erheblichen Einfluss auf die Ermittlung der realen Wirtschaftsleistung. Innerhalb der Untersuchung kommen folgende Verfahren zur Anwendung:

1) *Produktbezogene Deflationierung der Outputs*: Die Berechnung des Volumens an Waren und Dienstleistungen der Gesundheitswirtschaft erfolgt in der VGR durch eine produktbezogene Deflationierung (vgl. Statistisches Bundesamt 2007). Ausschlaggebend für Vergleichbarkeit von Volumenberechnungen ist die Wahl der Indexformel und der Preisbasis (Indextyp bzw. Festbasiskonzept oder Kettenindex). Von großer Bedeutung für die Qualität der Ergebnisse der Volumenberechnung ist neben der Verfügbarkeit und Qualität der Preisindizes die Berechnungstiefe. Vom SNA 2008 wird eine »möglichst tiefe Untergliederung« befürwortet (vgl. EC, IMF, OECD, UN and World Bank 2009).
Die Waren und Dienstleistungen der Gesundheitswirtschaft werden mit sehr heterogenen Einheiten erfasst. Dies zeigt sich auch bei den

Produkten, die von Herzschrittmachern oder Hörgeräten, über Einzelleistungen und Leistungskomplexe (z. B. Fälle, Operationen) bis hin zu Gesamtleistungen pro Zeiteinheit (z. B. Pflegetag, Versorgungsauftrag) reichen. Dies erschwert den Vergleich zwischen dem ambulanten und stationären Sektor sowie auch im zeitlichen Verlauf. Das hat zur Folge, dass die Gesundheitswirtschaft in ihrer realen Entwicklung bis heute kaum beschrieben bzw. erfasst werden kann und daher lediglich erste Ansätze zur Deflationierung einzelner Dienstleistungsbereiche existieren.

2) *Deflationierung der Inputs*: Hier ist zwischen den verschiedenen Produktionsfaktoren zu unterscheiden. Der Arbeitskostenindex basiert auf der Größe »Arbeitskosten je geleistete Arbeitsstunde«. Er gibt die vierteljährliche Entwicklung der gesamten Arbeitskosten aller Arbeitnehmer wieder. Dabei wird zweifach differenziert. Einerseits gliedert sich die Arbeitskostenentwicklung nach einzelnen Produktionsbereichen, andererseits ermöglicht dieser Index, die Arbeitskostenentwicklung in die beiden Hauptkomponenten der Arbeitskosten zu unterteilen, nämlich in den Index der Bruttolöhne und -gehälter sowie den Index der Sozialbeiträge der Arbeitgeber und der sonstigen Kosten.

3) *Krankheitsbezogene Deflationierung der Outputs und Inputs*: Der krankheitsbezogene Deflationierungsansatz wird vom Committee on National Statistics (CNSTAT) der amerikanischen National Academies empfohlen (vgl. Bradley et al. 2010). Für die Umsetzung dieses Ansatzes gibt es in Deutschland durch die Krankheitskostenrechnung gute Voraussetzungen. Der Vorteil ist, dass Produktivitätsentwicklungen entlang der Behandlungspfade erfasst werden. Bei der krankheitsbezogenen Deflationierung nach Behandlungspfaden ist eine tiefgehende Aufgliederung erforderlich. Diese Möglichkeiten werden geprüft.

Ziel einer Deflationierung ist die Messung der »reinen« Volumenänderung, die nicht durch die Auswirkungen von Qualitätsänderungen der Produkte beeinflusst ist. Dies ist nicht nur bei technischen Gütern relevant, die einem raschen Wandel unterliegen, sondern auch bei Dienstleistungen, die verschiedene Technologien kombinieren. Durch die Ermittlung der Einflüsse von Qualitätsmerkmalen auf den Preis können die Preisänderungen, die auf qualitativen Veränderungen bestimmter Eigenschaften beruhen, von den reinen Preisänderungen rechnerisch getrennt werden.

Grundsatz hierfür ist das Laspeyres-Prinzip, bei dem bestimmte Güter für einen Warenkorb definiert und über einen bestimmten Zeitraum konstant gehalten werden. Problematisch wird es dann, wenn sich die Produkte ändern und die anfangs definierten Produkte nicht mehr auf dem Markt sind und damit kein Preis mehr feststellbar ist. Ist dies der Fall, wird eine Qualitätsbereinigung vorgenommen, die darauf abzielt, den Geldwert der veränderten Güterqualität bei der Preismessung zu berücksichtigen (vgl. Linz, Eckert 2002).

Wenn z. B. ab einem bestimmten Zeitraum bei einer Operation der Wundverschluss mit einer Naht dazu gehört und somit im Preis inbegriffen ist, dann wird versucht, den Wert einer solchen zusätzlichen Leistung zu bestimmen. Ein Teil dieses Wertes wird dann vom Preis der Operation abgezogen, um den Vergleich zur vorangegangenen Zeitperiode herstellen zu können, in der der Wundverschluss noch nicht in der operativen Leistung enthalten war. Die Vorgehensweise bei diesem Beispiel wird als »Ausstattungsbereinigung« bezeichnet. Ein weiteres Verfahren der Qualitätsbereinigung ist die Verkettung im überlappenden Zeitraum. Dabei werden zusätzlich zu den eigentlichen Preisrepräsentanten auch Ersatzprodukte beobachtet, sodass im Falle einer Produktänderung auf das Ersatzprodukt umgestiegen werden kann.

Der Outputindex setzt sich aus einer quantitativen und einer Qualitätskomponente zusammen. Für die Zusammenführung der verschiedenen Teilindizes sind diese zu gewichten.

5 Produktivitätsentwicklung

To explain differences in productivity growth, additional information on innovation inputs and outputs will be needed.

O'Mahony, M., Timmer, P. 2009

5.1 Produktionswert und Wertschöpfung

Der Bruttoproduktionswert der Gesundheitswirtschaft stieg im Zeitraum 2002 – 2010 zu konstanten Preisen jährlich um durchschnittlich 3,0 %. Im gleichen Zeitraum verzeichnete die Gesamtwirtschaft, vor allem als Folge der Finanz- und Wirtschaftskrise, nur ein jährliches Wachstum von 1,8 % (siehe Tabelle 5.1). Wesentlich für diese positive Entwicklung ist auch der geringere Preisanstieg bei Gesundheitsleistungen im Vergleich zur gesamtwirtschaftlichen Preisentwicklung (0,5 % zu 0,9 %). Damit trug die Gesundheitswirtschaft nicht nur wesentlich zur Wachstums- und Beschäftigungsstabilisierung, sondern auch zur Preisstabilität bei (siehe Tabelle 5.2).

Innerhalb der Gesundheitswirtschaft fällt das hohe Wachstum der Bruttoproduktionswerte (5,5 %) bei den Herstellern von Gesundheitsgütern (pharmazeutische und medizintechnische Industrie) einschl. Handel auf.[1]

In der Volkswirtschaftlichen Gesamtrechnung dient die Wertschöpfung aggregiert als Indikator zur Betrachtung der Leistung einzelner Wirtschaftszweige. Die Nachfrage nach Gesundheitsleistungen in einer Region wird mit regionalen Wachstumseffekten für die Wirtschaft einhergehen, da das Gesundheitswesen überwiegend örtlich gebunden ist und weniger globale Auslagerung stattfindet als in anderen Branchen.

---

[1] Der Handel wurde mit der Herstellung zusammengefasst, da viel Hersteller aufgrund des hohen Außenhandels unter dem Großenhandel klassifiziert sind. Bei den Dienstleistungen des stationären und ambulanten Bereichs besteht bei einer getrennten Betrachtung zudem das Problem, dass die Distribution der Waren unterschiedlich erfolgt.

Infobox 6: Produktionswert, Vorleistungen und Wertschöpfung

Der *Produktionswert* eines Unternehmens oder Wirtschaftszweiges ist die Summe des Wertes aller Güter und Dienstleistungen, die dort produziert werden. Er beinhaltet zudem den Wert der Bestandsveränderungen aus eigener Produktion und den Wert selbst erstellter Anlagen. Im Produktionswert sind sämtliche Vorleistungen enthalten. *Vorleistungen* bezeichnen den Wert von Waren und Dienstleistungen, die Unternehmen von anderen bezogen und für die eigene Produktion verbraucht haben. Zur Bestimmung der von einzelnen Unternehmen oder Wirtschaftszweigen erbrachten Wirtschaftsleistungen müssen diese Vorleistungen abgezogen werden. Die so ermittelte Wertschöpfung bildet den Mehrwert, der durch die Umwandlung von Input- zu Outputfaktoren generiert wird.

Beispiel: Die Herstellung eines bestimmten Medikamentes kostet ein pharmazeutisches Unternehmen 200 € (Aufwand für Vorleistungen: 100 € chemische Substanzen, 95 € Energie, 5 € Verpackung). Das Unternehmen verkauft das Medikament für 250 € an einen pharmazeutischen Großhandel – die Wertschöpfung (Arbeitsentgelte, Abschreibungen und Gewinne) auf dieser Stufe beträgt somit 50 €. Der Großhandel übernimmt den Vertrieb und liefert das Medikament für 270 € an Apotheken, die es schließlich für 300 € verkaufen. Die Wertschöpfung des Großhandels beträgt somit 20 € und die Apotheken generieren einen Mehrwert von weiteren 30 €.

Der Produktionsbereich *Gesundheitswaren und Handel* zeichnet sich durch eine hohe Innovationsdynamik und hohe Produktivität aus – so werden beispielsweise knapp ein Drittel aller Umsätze der Medizintechnik mit Produkten getätigt, die nicht älter als drei Jahre sind und in der Biotechnologie liegt der Anteil der FuE-Aufwendungen bei bis zu 40 % vom Umsatz (vgl. BMBF 2013, S. 17/18).[2] Es überrascht deshalb nicht, dass dieser Teilbereich der Gesundheitswirtschaft ein hohes Wachstum der Produktivität aufweist.

Die *Gesundheitsdienstleistungen* weisen mit 2,3 % ein deutlich geringeres Produktionswachstum auf als die Herstellung von pharmazeutischen und medizintechnischen Produkten (vgl. Tabelle 5.1).

Das durchschnittlich höhere Wachstum der Gesundheitswirtschaft im Vergleich zur Nicht-Gesundheitswirtschaft zeigt sich noch deutlicher für den Indikator Bruttowertschöpfung. Während in der Gesamtwirtschaft die Brut-

---

[2] Der Anteil der FuE-Aufwendungen in der Biotechnologie-Branche schwankt stark – 2010 lag er bei 42 % und 2012 bei 32 %. Betrachtet man ausschließlich die »rote« Biotechnologie, also den Bereich Medizin und Gesundheit, so ergaben sich für diese beiden Jahre Werte von 85 % (2010) und 37 % (2012). Das ist ein Ausweis dafür, dass 2011 und 2012 einige Entwicklungen in den Markt gebracht werden konnten (BMBF 2013 und 2011).

Tabelle 5.1: Produktionswerte (real), Wertschöpfung (real) und Vorleistungen (real) der GW und der Gesamtwirtschaft, 2002 und 2010

Produktionsbereiche	In konstanten Preisen (2005 = 100)		
	Produktion	Bruttowert-schöpfung	Vor-leistungen
2002	in Mrd. €	in Mrd. €	in Mio. €
Gesamt	3.895	1.962	1.933
Gesundheitswirtschaft	320	194	125
Kernbereich	240	149	91
Gesundheitswaren und Handel	62	27	35
Dienstleistungen	178	121	56
Erweiterter Bereich	79	44	34
Gesundheitswaren und Handel	27	9	17
Dienstleistungen	51	34	16
Nicht-Gesundheit	3.575	1.768	1.807
Waren und Handel	2.302	943	1.359
Dienstleistungen	1.273	825	448
2010	in Mrd. €	in Mrd. €	in Mio.€
Gesamt	4.483	2.160	2.322
Gesundheitswirtschaft	406	251	154
Kernbereich	309	195	113
Gesundheitswaren und Handel	95	48	47
Dienstleistungen	214	147	66
Erweiterter Bereich	97	54	40
Gesundheitswaren und Handel	33	13	20
Dienstleistungen	63	43	20
Nicht-Gesundheit	4.076	1.908	2.167
Waren und Handel	2.664	1.020	1.643
Dienstleistungen	1.412	888	524
Jährliche Veränderung 2002 - 2010	in %	in %	in %
Gesamt	1,8	1,2	2,3
Gesundheitswirtschaft	3,0	3,3	2,6
Kernbereich	3,2	3,4	2,8
Gesundheitswaren und Handel	5,5	7,2	3,9
Dienstleistungen	2,3	2,4	2,1
Erweiterter Bereich	2,6	2,9	2,1
Gesundheitswaren und Handel	2,4	3,5	1,9
Dienstleistungen	2,6	2,7	2,4
Nicht-Gesundheit	1,7	1,0	2,3
Waren und Handel	1,8	1,0	2,4
Dienstleistungen	1,3	0,9	2,0

Quelle: BASYS, GSK.

Tabelle 5.2: Erwerbstätige, Arbeitsstunden und Kapitalstock der Gesundheitswirtschaft und Gesamtwirtschaft, 2002 und 2010

Produktionsbereiche	Primäre Inputs		
	Erwerbs-tätigkeit	Arbeits-stunden	Kapital-stock
2002	in Tsd.	in Mio.	in Mrd. €
Gesamt	39.257	56.525	10.899
Gesundheitswirtschaft	5.329	7.394	317
Kernbereich	3.927	5.384	259
Gesundheitswaren und Handel	675	975	147
Dienstleistungen	3.253	4.409	112
Erweiterter Bereich	1.401	2.010	57
Gesundheitswaren und Handel	304	467	13
Dienstleistungen	1.097	1.543	44
Nicht-Gesundheit	33.928	49.131	10.582
Waren und Handel	20.699	30.830	3.081
Dienstleistungen	13.230	18.301	7.501
2010	in Tsd.	in Mio.	in Mrd. €
Gesamt	40.603	57.085	12.183
Gesundheitswirtschaft	6.089	8.247	383
Kernbereich	4.443	5.975	318
Gesundheitswaren und Handel	736	1.037	183
Dienstleistungen	3.706	4.938	135
Erweiterter Bereich	1.646	2.272	65
Gesundheitswaren und Handel	277	430	11
Dienstleistungen	1.370	1.841	54
Nicht-Gesundheit	34.514	48.838	11.800
Waren und Handel	19.950	29.175	3.183
Dienstleistungen	14.564	19.664	8.616
Jährliche Veränderung 2002 - 2010	in %	in %	in %
Gesamt	0,4	0,1	1,4
Gesundheitswirtschaft	1,7	1,4	2,4
Kernbereich	1,6	1,3	2,6
Gesundheitswaren und Handel	1,1	0,8	2,8
Dienstleistungen	1,6	1,4	2,3
Erweiterter Bereich	2,0	1,5	1,7
Gesundheitswaren und Handel	-1,2	-1,0	-2,0
Dienstleistungen	2,8	2,2	2,6
Nicht-Gesundheit	0,2	-0,1	1,4
Waren und Handel	-0,5	-0,7	0,4
Dienstleistungen	1,2	0,9	1,7

Quelle: BASYS, GSK.

towertschöpfung real nur um 1,2 % wuchs, waren es in der Gesundheitswirtschaft preisbereinigt 3,3 % (vgl. Tabelle 5.1). Dieses höhere Wachstum
resultiert aus mehreren Faktoren: stabiles Wachstum in der Wirtschaftskrise, geringe Inflationsrate und steigende Exportquote. Letztere begründet
das hohe Wachstum der Bruttowertschöpfung bei den industriellen Gesundheitswaren und dem Handel.

Infobox 7: Primäre und intermediäre Inputs

Die *Primären Inputs* (auch Wertschöpfungskomponenten) umfassen die Produktionsfaktoren Arbeit und Kapital. Die Entlohnung der Primärinputs wird gemessen
an den Komponenten der Bruttowertschöpfung (Abschreibungen, sonstige Produk-
tionsabgaben abzüglich sonstiger Subventionen, Arbeitnehmerentgelte, Betriebsüberschuss (netto)). Für Zwecke der Produktivitätsrechnung werden die Primären
Inputs real als Kapitalstock und in Arbeitsstunden gemessen. Der Kapitalstock
wird preisbereinigt, indem die Preise eines bestimmten Basisjahres konstant gehalten werden.
Intermediäre Inputs (auch Vorleistungen genannt) sind Waren und Dienstleistungen, die inländische Produktionseinheiten von anderen Wirtschaftseinheiten bezogen haben und im Zuge der Produktion verbrauchen, verarbeiten oder umwandeln. Roh-, Hilfs- und Betriebsstoffe, Brenn- und Treibstoffe, Bau- und sonstige
Leistungen für laufende Reparaturen, Transportkosten, Post- und Telekommuni-
kationsgebühren, gewerbliche Mieten, Anwaltskosten, Benutzungsgebühren für öff.
Einrichtungen sowie Gebühren für Patente, Urheberrechte u. ä.

5.2 Primäre und intermediäre Inputs

Die Struktur des primären und intermediären Inputs variiert erheblich zwischen den Produktionsbereichen der Gesundheitswirtschaft. Am höchsten
ist der Anteil der primären Inputs bei den stationären Dienstleistungen,
dagegen am geringsten bei der Herstellung von Gesundheitsgütern (siehe
Abbildung 5.1). Dieses bestätigt wiederum die hohe Bedeutung der Vorleistungen für die Faktorproduktivität.

Der Kapitalanteil, repräsentiert durch den Bruttobetriebsüberschuss, ist
bei den öffentlichen und gemeinnützigen Einrichtungen sowie den Verwal-
tungseinrichtungen erwartungsgemäß gering. Demgegenüber ist ein hoher
Kapitalanteil bei der Herstellung von Gesundheitsgütern und im Handel zu
erwarten. Auffällig ist der hohe Betriebsüberschuss bei den nicht-stationären
Dienstleistungen, was allerdings aus dem hohen Selbständigenanteil dieses
Produktionsbereichs folgt. Für die Vergleichbarkeit ist deshalb eine Bereinigung um die Selbständigeneinkommen unerlässlich. Dies wurde anhand des

Standardverfahrens durchgeführt (vgl. OECD 2001).

5.3 Produktivitätsunterschiede nach Törnqvist

Die Produktivitätsentwicklung der deutschen Gesundheitswirtschaft wurde in mehreren systemvergleichenden Studien untersucht. Dabei wurde ein im Vergleich zur Gesamtwirtschaft geringeres Produktivitätswachstum in der Gesundheitswirtschaft insgesamt sowie in Teilbereichen festgestellt. Der sogenannten Baumol'schen »Kostenkrankheit« bei Dienstleistungen stehen Produktivitätsgewinne durch Produktinnovationen und neue Organisationsformen gegenüber. Ferner zeigt eine Reihe von Studien, dass die Mengenkomponente einschließlich der Qualitätseffekte durch die traditionelle Deflationierung unterschätzt wird und damit die Qualitätsentwicklung zu wenig Beachtung findet (Berndt et al. 2001, Aizcorbe, Nestoriak 2010).

Im Folgenden werden die Ergebnisse der Produktivitätsberechnung nach Törnqvist auf Basis der beschriebenen Datengrundlage dargestellt. Hierbei wird zwischen Arbeits-, Kapital- und Multifaktorproduktivität sowie nach Sektoren abgegrenzt. Verwendet werden zur Messung des Outputs der Produktionswert je Sektor, zur Messung der Inputs Arbeit und Kapital die geleisteten Arbeitsstunden bzw. der Kapitalstock. Die Vorleistungen können aus den vorliegenden Input-Output-Werten gewonnen werden. Infolge dieser vorteilhaften Datenstruktur kann das Konzept der Multifaktorproduktivität in einem weiteren Schritt zur effektiven Multifaktorproduktivität fortentwickelt werden und damit nochmals präzisere Aussagen zur sektoralen Produktivitätsentwicklung ermöglichen.

Arbeitsproduktivität

Die Entwicklung der *Arbeitsproduktivität* – gemessen als Produktionswert je geleisteter Arbeitsstunde eines Sektors – stellt Tabelle 5.3 dar. Für alle Sektoren und Subsektoren ist ein Anstieg der durchschnittlichen Arbeitsproduktivität zwischen 2002 und 2010 zu erkennen. Der Arbeitsproduktivitätszuwachs lag hierbei in der Gesundheitswirtschaft mit 1,8 % p. a. auf etwa gleichem Niveau wie der Zuwachs in der Gesamtwirtschaft. Dies ist insofern bemerkenswert, als dass einem marginalen Rückgang der geleisteten Arbeitsstunden der Nicht-Gesundheitswirtschaft zwischen 2002 und 2010 ein deutlicher Anstieg der Arbeitsstunden in der Gesundheitswirtschaft – sowohl im Kern- als auch im Erweiterten Bereich – gegenübersteht (Tabelle 5.3). Trotz dieses Arbeitsstundenzuwachses lag der Anstieg der Arbeitsproduktivität etwa im wichtigen Kernbereich der Gesundheitswirtschaft deutlich über dem gesamtwirtschaftlichen Durchschnitt, getrieben vom Sektor Gesundheitsindustrie und Handel, dessen Arbeitsproduktivitätszuwachs nochmals mehr als drei Prozentpunkte höher als im Bereich »Private und öffentliche Dienstleistungen« war.

Kapitalproduktivität

Der Zuwachs der *Kapitalproduktivität* wird im Allgemeinen als Änderung des Verhältnisses von Output und Kapitaleinsatz beschrieben. Im konkreten Fall wird die sektorale Kapitalproduktivität als Quotient von Produktionswert und Kapitalstock[3] des jeweiligen Sektors gemessen.

Die Ergebnisse aus Tabelle 5.4 weisen recht unterschiedliche Entwicklungen für die einzelnen Sektoren aus. Insgesamt fiel der durchschnittliche Anstieg in der Gesundheitswirtschaft höher aus als in der Nicht-Gesundheitswirtschaft.

Infobox 8: Kapitalproduktivität und Kapitalintensität

Unter *Kapitalproduktivität* versteht man das Verhältnis von Output zu Kapitaleinsatz. In der VGR wird es durch das preisbereinigte, verkettete BIP (für die gesamte Volkswirtschaft) bzw. Bruttowertschöpfung (für einzelne Wirtschaftsbereiche) zu preisbereinigtem, verkettetem Anlagevermögen (Kapitalstock) gemessen. Für Zwecke der Berechnung der Multifaktorproduktivität wird hier der preisbereinigte Produktionswert verwendet.

Die *Kapitalintensität* bildet das Verhältnis zwischen den Produktionsfaktoren Kapital und Arbeit ab. Sie beschreibt somit den Kapitaleinsatz je Arbeitsstunde bzw. Erwerbstätigen.

Für den Rückgang der Kapitalproduktivität bis 2005 werden im Allgemeinen zwei Ursachen genannt:

1) Die Wachstumsraten des Kapitalstocks lagen zwischen 2002 und 2005 stets oberhalb des Wachstums des Produktionswertes. Dieser Trend wird mitunter als »capital deepening« oder »kapitalbasiertes Wachstumsmodell« (Hishow 2005) bezeichnet.

2) Datenrestriktionen stellen eine zweite Erklärung für die rückläufige Kapitalproduktivität dar. Wünschenswert wäre eine Darstellung des Faktors Kapitals durch *qualitätsbereinigte* Kapitalleistungen wie etwa im Konzept von EU KLEMS. In der vorgelegten Untersuchung

---

[3] Zur Methodik der Messung des Kapitalstocks siehe Abschnitt 9.5.

Tabelle 5.3: Arbeitsproduktivität und Gesamtarbeitsstunden in der GW und NGW, 2003 – 2010

Veränderung der Arbeitsproduktivität in %	2003	2004	2005	2006	2007	2008	2009	2010	Durchschnitt
Gesamtwirtschaft	2,1	1,7	2,4	4,2	2,8	0,4	-3,5	3,0	1,6
Nicht-Gesundheitswirtschaft	2,3	1,9	2,4	4,4	2,6	0,1	-3,5	3,4	1,7
Industrielle Güter und Handelsleistungen	3,3	3,2	3,1	6,1	3,3	-0,2	-4,9	6,1	2,5
Private und öffentliche Dienstleistungen	0,6	-0,4	1,2	1,3	1,4	0,8	-0,5	-1,3	0,4
Gesundheitswirtschaft	1,3	-0,5	3,1	3,7	4,6	2,5	0,1	-0,1	1,8
Industrielle Güter und Handelsleistungen	9,7	2,4	11,2	7,4	8,0	0,4	-1,1	-1,6	4,5
Private und öffentliche Dienstleistungen	-1,6	-1,6	0,1	1,9	2,9	3,1	1,8	0,3	0,9
Veränderung der Gesamtarbeitsstunden in %									
Gesamtwirtschaft	-1,1	0,3	-0,5	0,0	1,5	1,1	-2,6	2,3	0,1
Nicht-Gesundheitswirtschaft	-1,6	0,3	-0,6	-0,1	1,7	1,0	-3,4	2,1	-0,1
Industrielle Güter und Handelsleistungen	-2,6	0,0	-1,5	-0,9	1,6	1,0	-4,6	1,6	-0,7
Private und öffentliche Dienstleistungen	0,0	0,8	0,9	1,1	1,8	1,0	-1,5	3,0	0,9
Gesundheitswirtschaft	2,9	1,2	-0,3	0,1	0,6	1,6	1,0	3,1	1,3
Industrielle Güter und Handelsleistungen	1,7	1,1	-2,2	0,4	1,0	3,2	-3,2	4,1	0,8
Private und öffentliche Dienstleistungen	3,2	1,3	0,1	0,0	0,6	1,3	1,9	2,9	1,4

Quelle: Eigene Darstellung und Berechnungen.

Tabelle 5.4: Kapital- und Multifaktorproduktivität in der GW und NGW, 2003 – 2010

Veränderung der Kapitalproduktivität in %	2003	2004	2005	2006	2007	2008	2009	2010	Durchschnitt
Gesamtwirtschaft	-0,6	0,6	0,5	2,7	2,7	0,0	-7,2	4,2	0,4
Nicht-Gesundheitswirtschaft	-0,8	0,8	0,5	2,8	2,7	-0,4	-7,9	4,5	0,3
Industrielle Güter und Handelsleistungen	0,5	3,0	1,5	4,7	4,1	-0,2	-9,6	7,4	1,4
Private und öffentliche Dienstleistungen	-1,4	-1,4	0,3	0,6	1,3	0,2	-3,3	0,3	0,4
Gesundheitswirtschaft	0,6	-1,6	1,1	0,7	2,2	1,2	-0,6	0,9	0,6
Industrielle Güter und Handelsleistungen	6,9	0,0	7,7	4,9	6,0	1,0	-0,6	0,1	2,6
Private und öffentliche Dienstleistungen	-0,8	-1,1	-1,9	-1,2	0,4	1,1	1,9	1,5	0,0
Veränderung der Multifaktorproduktivität in %									
Gesamtwirtschaft	0,0	0,5	0,3	1,5	1,1	0,0	-2,1	1,2	0,3
Nicht-Gesundheitswirtschaft	-0,1	0,5	0,2	1,5	1,0	-0,3	-2,2	1,3	0,2
Industrielle Güter und Handelsleistungen	0,3	1,1	0,4	1,8	0,8	-0,8	-1,7	2,4	0,5
Private und öffentliche Dienstleistungen	-0,6	-0,5	0,0	1,0	1,4	0,7	-3,1	-0,7	-0,2
Gesundheitswirtschaft	0,6	-0,2	1,9	1,8	1,9	2,5	-0,4	0,4	1,1
Industrielle Güter und Handelsleistungen	4,9	1,8	7,4	3,6	3,1	2,9	-2,6	-0,3	2,6
Private und öffentliche Dienstleistungen	-0,8	-0,8	-0,5	1,0	1,4	2,2	0,7	0,7	0,5

Quelle: Eigene Darstellung und Berechnungen.

muss jedoch auf den Kapitalstock als allein *quantitativer* Wert und damit als eine »Second-Best«-Möglichkeit zurückgegriffen werden; eine Messung von Kapitalleistungen ist im Rahmen dieser Untersuchung ausgeschlossen.

Ab dem Jahr 2005 weisen nahezu alle untersuchten Sektoren eine positive Kapitalproduktivität aus. Insbesondere der Bereich »Industrielle Güter und Handel« des Kernbereichs der Gesundheitswirtschaft zeigt mit einem durchschnittlichen Kapitalproduktivitätswachstum von 2,6 % einen deutlichen Anstieg. Hierdurch lag die Kapitalproduktivität der GW mit durchschnittlich 0,6 % p. a. über der der Nicht-Gesundheitswirtschaft, wenngleich sowohl der Erweiterte Bereich als auch die Gesundheitsdienstleistungen des Kernbereiches eine marginal negativ durchschnittliche Kapitalproduktivität ausweisen.

Multifaktorproduktivität

Der technologische Fortschritt – in diesem Konzept gemessen als Multifaktorproduktivität – stellt neben Arbeits-, Kapital- und Vorleistungswachstum[4] die vierte Quelle des sektoralen und gesamtwirtschaftlichen Wachstums dar. Die Multifaktorproduktivität ergibt sich entsprechend der im Rahmen dieser Untersuchung entwickelten Methodik als Residuum der durchschnittlichen jährlichen Veränderungsraten des Outputs auf Produktionswertbasis abzüglich der Summe der gewichteten Veränderungsraten der Produktionsinputs Vorleistungen, Arbeit und Kapital (siehe zur Herleitung die Darstellung im Anhang, Abschnitt A.3).

Tabelle 5.4 zeigt die Ergebnisse der Multifaktorproduktivitätsmessung. Für den Zeitraum von 2002 bis 2010 war ein jährliches Wachstum der Multifaktorproduktivität von rund 0,3 % der gesamten deutschen Wirtschaft zu beobachten. *Das Produktivitätswachstum der GW lag mit 1,1 % p. a. deutlich oberhalb der Gesamt- bzw. Nicht-Gesundheitswirtschaft.* Treiber dieser Entwicklung ist der Kernbereich der GW und in ihm der Sektor Gesundheitsindustrie und -handel (2,6 %), die jeweils einen Produktivitätszuwachs nochmals oberhalb der GW verzeichneten. Die Vermutung, dass insbesondere letzterer Sektor den »Motor« des medizinisch-technischen Fortschritts darstellt, kann damit bestätigt werden. Ursächlich hierfür dürften die deutlich weniger restriktiven Rahmenvorgaben und marktwirtschaftlicheren Be-

---

[4] Auf die wenig übliche Darstellung der Vorleistungsproduktivität wird im Rahmen dieser Untersuchung verzichtet.

Abbildung 5.1: Inputanteile nach Produktionsbereichen (in %), 2010

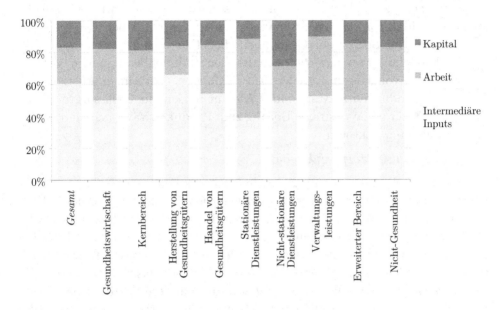

Abbildung 5.2: Arbeits- und Kapitalproduktivität in der Gesamtwirtschaft und Gesundheitswirtschaft in %, 2003 – 2010

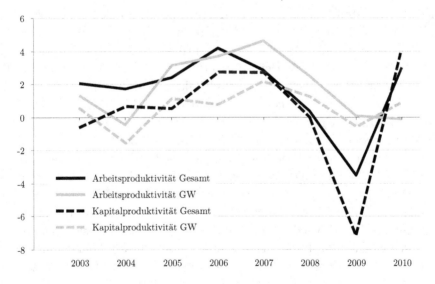

Quelle: Eigene Darstellung.

dingungen in diesem Teilbereich im Vergleich zum Sektor der Gesundheitsdienstleistungen sein. Der dagegen stärker von Rationierung und Ausgaben-
deckelung geprägte Sektor der Gesundheitsdienstleistungen konnte lediglich
einen Multifaktorproduktivitätszuwachs von durchschnittlich 0,5 % p. a.
verzeichnen. Der Sektor der Gesundheitsdienstleistungen ist aufgrund seiner Entkoppelung von marktwirtschaftlichen Rahmenbedingungen jedoch
unabhängiger von konjunkturellen Entwicklungen. Mit einem Anstieg der
Multifaktorproduktivität von rund 0,7 % im Krisenjahr 2009 sorgte allein
dieser Sektor für einen positiven Beitrag zum Produktivitätswachstum unter
den betrachteten Sektoren.

Effektive Multifaktorproduktivität

Die der Tabelle 5.4 zugrunde liegende Methodik konnte im Rahmen dieser
Untersuchung nochmals verbessert werden (siehe hierzu die methodischen
Darstellungen im Anhang). Grundlage hierfür ist die durch das Gesundheitssatellitenkonto zur Verfügung stehende Input-Output-Struktur des Faktors Vorleistungen. Hierdurch lässt sich der in der »klassischen« Multifaktorproduktivitätsmessung vernachlässigte Effekt berücksichtigen, dass sich
Sektoren *unmittelbar* selbst oder *mittelbar* über andere Sektoren beliefern.
Dies führt dazu, dass der Wachstumsbeitrag der Vorleistungen tendenziell über-, der Beitrag des technologischen Wandels tendenziell unterschätzt
wird. Durch Berechnung einer »*effektiven Multifaktorproduktivität*« (Aulin-
Ahmavaara 1999) kann diese Verzerrung aufgehoben werden.

Tabelle 5.5 stellt die Ergebnisse der entsprechend der erweiterten Me-
thodik durchgeführten, effektiven Multifaktorproduktivitätsberechnung dar.
Die effektive Rate der Multifaktorproduktivität berücksichtigt vollständig
sämtliche intersektoralen Vorleistungsverknüpfungen (Kurado, Nomura 2008).
Im Durchschnitt liegt die effektive Multifaktorproduktivität etwa 0,2 – 0,3
Prozentpunkte über der herkömmlich ermittelten MFP (vgl. Spalte $\Delta eMFP^*$).
In der sektoralen Unterscheidung findet sich erneut ein deutlich höheres
Wachstum in der GW als in der Nicht-Gesundheitswirtschaft.

Zur Erklärung dieser Ergebnisse können wiederum die sektoral verschiedenen Rahmenbedingungen von Gesundheitsindustrie und -handel bzw. Gesundheitsdienstleistungen herangezogen werden (siehe bereits die Erläute-
rungen zu Tabelle 5.4). Als Treiber des effektiven Multifaktorproduktivitäts-
wachstums hebt sich wiederum der im Vergleich zu den Gesundheitsdienstleistungen weniger stark regulierte Sektor Gesundheitsindustrie und -handel
deutlich von der gesamtwirtschaftlichen Entwicklung ab. Dieser verzeichnet

Tabelle 5.5: Effektive Multifaktorproduktivität im Kernbereich der GW und NGW, 2003 – 2010

		2003	2004	2005	2006	2007	2008	2009	2010	Durch-schnitt	eMFP*
Nicht-Gesundheits-wirtschaft	Waren und Handel	0,0	1,1	0,4	2,8	1,7	-0,6	-3,8	2,5	0,5	0,3
	Dienstleistungen	0,4	1,6	0,5	2,7	1,3	-1,1	-2,6	3,4	0,8	0,2
Gesundheits-wirtschaft	Waren und Handel	5,0	2,3	7,7	4,6	3,7	2,7	-3,8	0,6	2,9	0,3
Kernbereich	Dienstleistungen	-0,6	-0,4	-0,1	1,7	1,8	2,3	0,0	1,2	0,7	0,3

* Differenz zwischen sektoraler MFP und eMFP.
Quelle: Eigene Darstellung und Berechnungen.

erstens die mit Abstand höchsten Zuwachsraten aller Sektoren (2,9 % p. a.). Zweitens wirkt der Produktivitätsanstieg in diesem Sektor über die Vorleistungsverknüpfungen besonders stark. Innovationen bzw. der medizinisch-technische Fortschritt im Bereich von pharmazeutischen und medizintechnischen Produkten leisten infolgedessen insgesamt einen entscheidenden Beitrag zur gesamtwirtschaftlichen Produktivitätsentwicklung, die es weiter zu stärken gilt.

5.4 Malmquistindex

In den vorangegangenen Abschnitten wird auf der Datenbasis des Gesundheitssatellitenkontos ein Törnqvist-Index für die zwei Sektoren Gesundheitsindustrie und Gesundheitsdienstleistungen aggregiert auf Bundesebene dargestellt. Im Folgenden sollen durch Veränderung der Datenbasis exemplarisch die Ergebnisse einer Törnqvist-Analyse mit den Ergebnissen eines Output-basierten Malmquist-Index für einen besonderen Teil des Gesundheitsdienstleistungssektors, den Krankenhaussektor, verglichen werden.[5]

Der Malmquist-Index kann in zwei Komponenten zerlegt werden, die für die Interpretation der Ursachen von Produktivitätsveränderungen wichtig sein können (vgl. hierzu die methodischen Anmerkungen im Anhang). Der erste Term misst dabei die relative Effizienzveränderung zwischen zwei Untersuchungsperioden, der zweite Term wird als technologische Veränderung interpretiert. Er gilt als ein Maß für Innovation in einem bestimmten Produktionsprozess. Zur Bestimmung des Abstandes zwischen den Einheiten und der Produktionsfunktion wird die Data Envelopment Analysis gewählt.

Notwendig zur Berechnung eines Malmquist-Index ist das Vorliegen entsprechend disaggregierter Daten, d. h. einzelner Untersuchungseinheiten – z. B. Bundesländer. Solche Daten liegen gegenwärtig nicht vor. Infolgedessen wird im Folgenden eine veränderte Datenbasis gewählt. Der Output wird nunmehr als Anzahl der Krankenhausfälle, gewichtet mit der Krankenhausmortalität in dem jeweiligen Bundesland, approximiert. Im Gegensatz zu den vorangegangenen Törnqvist-Analysen, bei welchen der Produktionswert ohne Qualitätsbereinigung Eingang findet, wird damit dem Qualitätsaspekt explizit Rechnung getragen.

---

[5] Für die Datenrecherche, -aufbereitung sowie die Berechnung und Interpretation des Malmquist-Index danken die Autoren Herrn Dipl.-Kfm. Thomas Topf.

Infobox 9: Qualitätsbereinigung des Outputs

Für die Qualitätsbereinigung wird die jeweilige quantitative Größe x zum Zeitpunkt t mit einem Qualitätsindex q multipliziert, um einen qualitätsbereinigten Output zu erhalten:

$$(5.1) \quad x^t_{\text{bereinigt}} = x^t q^t$$

Für die Bestimmung der Qualität allein quantitativ gemessener Outputs steht zumeist kein spezifischer Indikator zur Verfügung. Infolgedessen muss im Regelfalle auf Proxygrößen zurückgegriffen werden. Der Qualitätsindex wird hier aus der Zahl der Sterbefälle s im stationären Sektor als Anteil an den Gesamtfällen f gebildet und auf das Basisjahr t=0 normiert:

$$(5.2) \quad q^t = \left(\frac{s^o}{f^o}\right)\left(\frac{s^t}{f^t}\right)^{-1}$$

Der Qualitätsindex beträgt damit im Basisjahr t=0 stets 1. Ein Qualitätsanstieg um 10 % (Rückgang des Anteils der Sterbefälle an den Gesamtfällen um 10 %) manifestiert sich hiervon ausgehend beispielsweise in einem Anstieg des Qualitätsindex auf 1,1.]

Als Input Arbeit werden die Vollzeitstellen, unterteilt nach ärztlichem, pflegerischem und sonstigem Personal, genutzt. Während beim Malmquist-Index diese Größen direkt und getrennt in den Index eingehen, ist es für die Törnqvist-Bestimmung notwendig, für den Faktor Arbeit eine mit den jeweiligen Personalkosten gewichtete Summe des Wachstums von ärztlichem, pflegerischem und sonstigem Personal zu bilden. Im Vorgehen zur Bildung dieses Index wird exakt der EU KLEMS-Methodik (siehe Anhang) gefolgt. Die weiteren Inputs werden für beide Berechnungen gleichermaßen berücksichtigt: Als Proxy für die Vorleistungen werden die mit dem jeweiligen Landes-BIP-Deflator (*Arbeitskreis »Volkswirtschaftliche Gesamtrechnungen der Länder« 2013*) deflationierten Sachkosten und als sektorale Kapitalleistungen die gleichermaßen deflationierten KHG-Investitionsmittel verwendet.

Tabelle 5.7 stellt die Durchschnitte der Malmquist- und Törnqvist-Berechnungen für den Krankenhaussektor berechnet nach Bundesländern über den gesamten Zeitraum dar. Zur besseren Vergleichbarkeit der Resultate wurden die Törnqvist-Ergebnisse jeweils mit 1 addiert. Entsprechend ist ein Index-Wert größer eins mit einer positiven Multifaktorproduktivität gleichzusetzen.

Wie bereits bei der Bestimmung der Produktivität von Gesundheitsdienstleistungen in Tabelle 5.4 konnte auch hier bei beiden Indizes ein leichter Anstieg der Krankenhausproduktivität in Deutschland festgestellt werden. Die-

Tabelle 5.6: Datenbasis des Malmquist- und Törnqvist-Index: Berechnungen
für den Krankenhaussektor

	Output/Input	Operationalisierung	Quelle
Malmquist	Output	Anzahl der Fälle (qualitätsbereinigt mit der Krankenhausmortalität)	Statistisches Bundesamt 2011e
	Kapital	KHG-Investitionsmittel (deflationiert)	Deutsche Krankenhaus-gesellschaft 2012
	Arbeit	Ärztliches Personal (VZÄ), Pflegerisches Personal (VZÄ), Sonstiges Personal(VZÄ)	Statistisches Bundesamt 2011d
	Vorleistungen	Sachkosten (deflationiert)	Statistisches Bundesamt 2011c
Törnquist	Output	Anzahl der Fälle (qualitätsbereinigt mit der Krankenhausmortalität)	Statistisches Bundesamt 2011e
	Kapital	KHG-Investitionsmittel (deflationiert)	Deutsche Krankenhaus-gesellschaft 2012
	Arbeit	Index (VZÄ) aus ärztlichem, pflegerischem, sonstigem Personal, gewichtet mit den jeweiligen Personalkosten (deflationiert)	Statistisches Bundesamt 2011d, Statistisches Bundesamt 2011c
	Vorleistungen	Sachkosten (deflationiert)	Statistisches Bundesamt 2011c

Quelle: Eigene Darstellung.

Tabelle 5.7: Effizienz- und Technologieveränderung nach Malmquist und Törnqvist im Krankenhaussektor, 2002 – 2010

	Durchschnitt
Malmquist-Index	
Gesamt	1.004
Effizienz-Veränderung	0.996
Technische Veränderung	1.008
Törnqvist-Index	
Gesamt	1.002

Quelle: Eigene Berechnungen.

ser Produktivitätsgewinn ist auf eine Verbesserung der verwendeten Technologien (Arbeitsprozess, eingesetzte Medizintechnik) zurückzuführen. Dies zeigt sich durch die Malmquist-Zerlegung in Veränderung der Effizienz und der genutzten Technologie.

Es konnte gezeigt werden, dass es mit einer Malmquist-Analyse möglich ist, genauer als mithilfe des Törnqvist-Ansatzes die Ursprünge von Produktivitätsveränderungen zu identifizieren und in einem nächsten Schritt zum Beispiel mit Regressionstechniken zu erklären. In der vorliegenden Untersuchung muss der Malmquist-Ansatz aufgrund von Datenrestriktionen jedoch auf diese exemplarische Darstellung beschränkt bleiben.

5.5 Erster und Zweiter Gesundheitsmarkt

Im Gesundheitssatellitenkonto wird der Erste vom Zweiten Gesundheitsmarkt von der Nachfrageseite her abgegrenzt. Erster und Zweiter Markt unterscheiden sich in unterschiedlichen Preisen und Produkten und damit unterschiedlicher Wertschöpfung. Zweckmäßigerweise differenziert die Berechnung der Produktivität deshalb zwischen öffentlichen und privaten Leistungen und Preisen. Dies wurde oben bereits angesprochen. Eine Differenzierung von der Produktionsseite her würde jedoch eine weitere Aufgliederung des Satellitenkontos erfordern, was angesichts der bereits jetzt erfassten Güter (über 500) einer Mammutaufgabe gleich käme. Um die Produktivität für die Güterbereiche des Ersten und Zweiten Marktes vergleichen zu können, wurden deshalb die Strukturkoeffizienten für beide Marktbereiche auf den Faktoreinsatz der Produktion dieser Güter angewendet. Die Daten zur Produktivität im Ersten und Zweiten Markt unterscheiden sich damit von den oben dargestellten Ergebnissen um die unterschiedliche Aggregation der Güter und Faktoreinsatzverhältnisse.

Im Zeitraum 2002 – 2010 stieg die Totale Faktorproduktivität im Ersten Markt des Kernbereichs um 1 %, im Zweiten Markt um 1,1 %.

Der Zweite Markt ist tendenziell »güterintensiver«, d. h. es kommen relativ mehr Arzneimittel, Hilfsmittel und medizintechnische Güter zum Einsatz als im Ersten Markt. Im Kernbereich wird der Zweite Markt von Leistungen dominiert, die nicht Sachleistung der GKV sind und für die Zusatzversicherungen existieren. Der Zweite Gesundheitsmarkt ist damit für das Versicherungsgewerbe und für die Leistungserbringer interessant. Auch ist dieser Markt für die Haushaltsproduktion relevant, beispielsweise in der Selbstmedikation.

5.6 Produktivität und Arbeitsmarkt

Das überdurchschnittliche Wachstum der Gesundheitswirtschaft im Zeitraum 2002 – 2010 war von einer starken Nachfrage nach Gesundheitsberufen begleitet. In diesem Zusammenhang stellt sich u. a. die Frage, warum in der Gesundheitswirtschaft jährlich mehr Arbeitsplätze geschaffen werden als in anderen Bereichen der Wirtschaft und dies trotz einer relativ hohen Multifaktorproduktivität. In einer Arbeitsstundenbetrachtung, wie sie hier für die Produktivitätsberechnung gewählt wurde, geht es einerseits darum, wie viel Arbeitsstunden durch den medizinisch-technischen Fortschritt eingespart werden, anderseits, wie dieser die Struktur des Fachkräftebedarfs beeinflusst. Deshalb werden im Folgenden die Ergebnisse der Produktivitätsentwicklung im Hinblick auf die Arbeitsmarkteffekte analysiert. Anschließend wird dann auf den Bedarf an Fachkräften eingegangen.

Neben der demografischen Entwicklung spielt für den zusätzlichen Bedarf an Fachkräften der Gesundheitswirtschaft vor allem der medizinisch-technische Fortschritt eine Rolle. In der Vergangenheit wurden z. B. im Bereich der Radiologie durch die Computerisierung und Digitalisierung Rationalisierungspotenziale erschlossen. Im Gegensatz hierzu können neue Techniken zu höheren Standards, steigenden Behandlungszahlen und höheren Anforderungen an qualifiziertem Personal führen. Der medizinisch-technisch induzierte Personalbedarf lässt sich nur schwer quantifizieren. Die Quantifizierung einer Entlastung des Fachkräftebedarfs setzt neben einer Prognose der Arbeitsproduktivität auch eine Prognose des Outputs voraus (vgl. hierzu die Simulationen im Abschnitt 7.3.2). Obgleich der Fachkräfteengpass rein »rechnerisch« gelöst werden kann, wenn es gelänge, die Teilzeitquote in der Gesundheitswirtschaft auf den Durchschnitt aller Branchen zu verringern (BMWI 2013, S. 18), bleiben die möglichen Zielkonflikte mit familien- und gesellschaftspolitischen Zielen zu beachten. Das Arbeitsangebot hängt von einer Vielzahl von Faktoren ab, darunter spielen soziale Aspekte wie die Vereinbarkeit von Familie und Beruf eine große Rolle.

Medizinisch-technischer Fortschritt, Arbeitsproduktivität und Bedarf an Fachkräften

Der direkte Beitrag des MTF zur Verringerung der Arbeitsstunden bzw. des Fachkräftebedarfs entspricht, wie gezeigt wurde, einer nicht unerheblichen Produktivitätssteigerung, die allerdings im Bereich der industriellen Produktion von Gesundheitsgütern, im Handel und in der Verwaltung viel höher ausfällt als im Bereich der Dienstleistungen (vgl. Tabelle 5.4). Auch bei der Arbeitsproduktivität wurden die Unterschiede offensichtlich (vgl. Tabelle 5.3). Ohne die Arbeitsproduktivitätssteigerung wäre rechnerisch ein zusätzlicher Arbeitsstundenbedarf in Höhe von 1,6 % in der Gesundheitswirtschaft insgesamt erforderlich gewesen, um das Outputwachstum von 3,0 % zu ermöglichen. Tatsächlich stiegen die Arbeitstunden in der Gesundheitswirtschaft nur um 1,4 % im jährlichen Durchschnitt (2002 – 2010). Die Zahl der Erwerbstätigen erhöhte sich um 0,3 % geringfügig stärker, also um 1,7 %. D. h. die Steigerung der Arbeitsproduktivität hat ganz erheblich zur Verringerung der Arbeitskräftenachfrage in der Gesundheitswirtschaft beigetragen.

Freilich zeigen die einzelnen Produktionsbereiche doch große Abweichungen. Wie sich diese auf das Niveau und die Struktur des Fachkräftebedarfs nach Berufen auswirkt, kann anhand der Ergebnisse der Gesundheitspersonalrechnung für den Kernbereich der Gesundheitswirtschaft ermittelt werden. Auffallend ist hier, dass sich im Zeitraum 2000 – 2010 der Fachkräftebedarf in den Bereichen Gesundheitsindustrie und Handel ganz anders entwickelte als bei den Dienstleistungen des Kernbereichs (vgl. Abbildungen 5.3 und 5.4).

Für die *Gesundheitsindustrien und Handel* kann festgehalten werden:
- Eine zunehmende Spezialisierung, die sich in der Abnahme von »Nicht-Gesundheitsberufen« zeigt.

Abbildung 5.3: Zusätzliches Gesundheitspersonal (VZÄ) in Industrielle Gesundheitswaren und Handel, KGW, 2000 – 2010

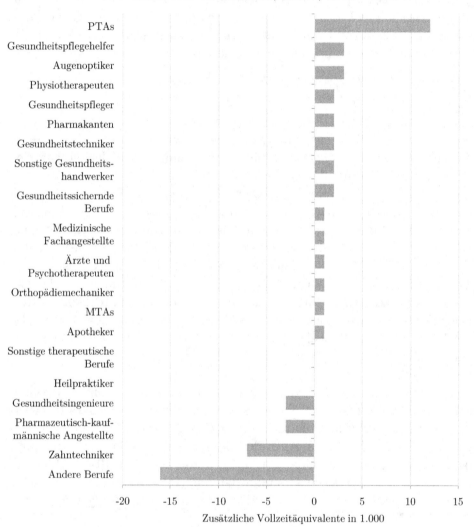

Quelle: Eigene Berechnungen nach Statistisches Bundesamt 2011b.

Abbildung 5.4: Zusätzliches Gesundheitspersonal (VZÄ) in Gesundheitsdienstleistungen, K-GW, 2000 – 2010

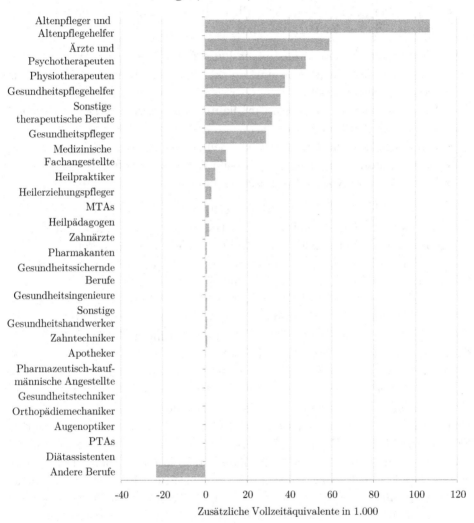

Quelle: Eigene Berechnungen nach Statistisches Bundesamt 2011b.

- Veränderte Bedarfe innerhalb des Handwerks, die vermutlich auch demografisch bedingt sind (mehr Augenoptiker, weniger Zahntechniker).
- Eine höhere Qualifizierung innerhalb der pharmazeutischen Berufe (Zunahme der Pharmazeutisch-technischen Angestellten und Abnahme der pharmazeutisch-kaufmännischen Angestellten).
- Ein im Vergleich zu den Gesundheitsdienstleistungen generell geringerer zusätzlicher Fachkräftebedarf.

Für die *Gesundheitsdienstleistungen* kann festgehalten werden:
- Ein stark zunehmender Bedarf an pflegerischen Berufen, vor allem im Langzeitpflegebereich.
- Ein zunehmender Bedarf an medizinischen Berufen (Ärzten, Psychologen und Psychotherapeuten).
- Ein zunehmender Bedarf an therapeutischen Assistenzberufen.
- Keine Zunahme bei eher technischen Assistenzberufen.
- Eine Abnahme von Nicht-Gesundheitsberufen.

Hinsichtlich der Qualifikationsanforderungen ergibt sich tendenziell damit innerhalb der Gesundheitsdienstleistungen ein gemischtes Bild, wobei zugegeben weitere Spezialisierung und Qualifizierung dominieren.

Zur Berücksichtigung der Veränderungen des Qualifikationsniveaus der Arbeitskräfte im Zeitverlauf wird in internationalen Statistiken typischerweise die sogenannte ISCED-Klassifikation (Internationale Standardklassifikation des Bildungswesens) herangezogen. Die ISCED-Version 2011 umfasst die Level 0 – 8 und bildet einzelne Bildungsstufen hierarchisch ab (Primär-, Sekundär- und Tertiärstufen) (UNESCO 2011).

Da jedoch gerade im Gesundheitswesen nicht nur formale Bildungsstufen, sondern auch Fachweiterbildungen und berufliche Spezialisierungen eine große Rolle spielen, könnte zur besseren Abbildung des Qualitätsniveaus der Europäische Qualifikationsrahmen (EQR) herangezogen werden. Ziel des 2008 verabschiedeten EQR ist, die verschiedenen nationalen Qualifikationssysteme auf einen gemeinsamen europäischen Referenzrahmen zu beziehen. Im Unterschied zu ISCO sind hier für die Einstufung in 8 unterschiedliche Referenzniveaus in erster Linie die Bildungsoutcomes, also die Lernergebnisse entscheidend: vom Grundniveau (Niveau 1) bis zum fortgeschrittenen Niveau (Niveau 8).

Die EQR-Niveaus spiegeln jedoch keine Teilnahme an bestimmten Bildungsprogrammen oder für bestimmte Aufgaben oder Berufe erforderliche Kompetenzen wider. Natürlich sind Qualifikationen mit allgemeiner und beruflicher Bildung und der Berufswelt verknüpft, und dies sind sehr wichtige Elemente des EQR. ISCED und ISCO (Internationale Standardklassifikation der Berufe) enthalten speziell für Bildungsbereich und Berufe konzipierte Klassifikationen. Der EQR beinhaltet nur teilweise eine Hierarchie von Bildungsprogrammen (z. B. entspricht eine EQR-Qualifikation auf höherem Niveau mit großer Wahrscheinlichkeit einem höheren ISCED-Niveau) und von Berufen (eine niedrigere EQR-Qualifikation z. B. entspricht mit großer Wahrscheinlichkeit einer beruflichen Aktivität, die auf der ISCO-Skala der Fertigkeitsniveaus einem niedrigeren Niveau entspricht). Der EQR konzentriert sich jedoch auf Lernergebnisse in der Form von Fachkenntnissen, Fertigkeiten und Kompetenz, die unabhängig von Bildungsprogrammen oder beruflichen Zusammenhängen betrachtet werden. Der EQR stellt somit ein neuartiges Instrument dar, das die Möglichkeit eröffnet, Bildungs- und Berufsklassifizierungen zu verbinden und so gewissermaßen eine Brücke zwischen ISCED und ISCO zu schlagen (Europäische Kommission 2008).

Auf der Grundlage des EQR wurde der Deutsche Qualifikationsrahmen für lebenslanges Lernen (DQR) im Mai 2013 eingeführt. Eine Schwierigkeit ergibt sich bei der Anwendung des EQR/DQR derzeit bezüglich der Gesundheits- und Krankenpflege, für die es noch keine Einstufung gibt: »Mit Blick auf die noch nicht abgeschlossenen Beratungen zur Änderung der Europäischen Berufsanerkennungsrichtlinie (Richtlinie 2005/36/EG) und auf nationale Überlegungen zur Neustrukturierung der Pflegeberufe wird die Zuordnung der bundesrechtlich geregelten Gesundheitsfachberufe (Gesundheits- und Krankenpflege sowie Hebammen), die der automatischen Anerkennung nach der Richtlinie unterliegen, zunächst zurückgestellt.«[6]

Die Anwendbarkeit dieser Klassifikationssysteme zur Beschreibung der qualitativen Komponente des Arbeitskräfteinputs für die Messung der Produktivität sollte weiterverfolgt werden. In Prognosen des Fachkräftebedarfs sollte ferner die unterschiedliche Entwicklung der Arbeitsproduktivität bei den Gesundheitsberufen beachtet werden.

---

[6] Gemeinsame Pressemitteilung des BMWi/BMBF 06.05.2013.

6 Produktivitätsentwicklung nach Krankheiten

There is considerable evidence that there have been important productivity
improvements in the health care sector if the output is taken to be »health«
rather than medical services.

Mark V. Pauly, Anand Saxena 2011

Die eigentliche Bedeutung der Gesundheitswirtschaft liegt in der Erhaltung der »Gesundheit«. In der Regel werden Krankheiten durch mehrere Produktionsbereiche der Gesundheitswirtschaft behandelt (ambulant, stationär, Arzneimittel, Rehabilitation usw.). Der diagnosebasierte Ansatz ermöglicht es, den leistungsbezogenen Preis-Index durch einen alternativen Index zu ersetzen, der Veränderungen im (Dienst-)Leistungsmix bei der Behandlung von Krankheiten im Zeitverlauf berücksichtigt. Die herkömmlichen Preisindizes erlauben Aussagen zu den Ausgaben, die man heute tätigen müsste, um einem Patienten dieselbe Leistung wie in der Vergangenheit zukommen zu lassen (die gleichen Medikamente, Laboruntersuchungen, Therapien usw.). Sie lassen jedoch keinen Vergleich zu, wenn sich die Art und Weise der Behandlung einer Krankheit ändert (z. B. Pharmako- anstelle von Psychotherapie oder einer Operation). Insofern stellen die Kosten zur Behandlung einzelner Krankheiten und deren strukturelle zeitliche Entwicklung ein genaueres Maß zur Beurteilung der Leistungsfähigkeit der Gesundheitswirtschaft dar.

Die krankheitsbezogene Betrachtung überwindet automatisch die bislang in Deutschland übliche sektorale Trennung der Versorgung in ambulant, stationär, Rehabilitation und Pflege. Angesichts der Zunahme chronischer Erkrankungen und immer komplexer werdender Behandlungen wird die Zusammenarbeit über Sektoren- und Berufsgrenzen hinweg immer wichtiger. Der einzelne Sektor ist Teil des Produktionsprozesses, dessen Ergebnis nicht mehr als Anzahl durchgeführter Operationen und Prozeduren (Output) gemessen wird, sondern anhand der Lebensqualität und -dauer der behandelten Patienten (Outcome). Deshalb fordert auch der Sachverständigenrat zur Begutachtung der Entwicklung im Gesundheitswesen in seinem jüngsten

Gutachten eine konsequent ganzheitliche Betrachtung des Versorgungsgeschehens und macht Vorschläge zur Überwindung der Schnittstellenproble-
me sowie zu einer übergreifenden Qualitätsmessung (SVR-Gesundheit 2012,
S. 137 ff. und S. 191 ff.).

Untersuchungen von Berndt et al. 2001, Aizcorbe, Nestoriak 2010 für die
USA und von Pierdzioch 2008 für Deutschland zeigen, dass die »Mengenkomponente« bei Gesundheitsleistungen durch die traditionelle Deflationierung unterschätzt wird. Wenn jedoch nicht der Preis, sondern die Mengenkomponente der »Kostentreiber« ist, ergeben sich andere Produktivitätser-
gebnisse. Im Folgenden wird zunächst der Frage nachgegangen, wie sich die
im 5. Abschnitt diskutierten Produktionswerte im Hinblick auf die Behandlung einzelner Krankheiten darstellen. Dies erfordert eine Zuordnung der
Leistungsprozesse nach Krankheitsgruppen (Kapitel 6.2).

Auf Basis dieser Ergebnisse lassen sich Veränderungen des medizinisch-
therapeutischen Leistungsgeschehens vor allem in stationären und nicht-
stationären Einrichtungen im Zeitverlauf näherungsweise quantitativ und
qualitativ beschreiben, da dabei ergänzend auf diagnosebezogene Daten
(Fall- und Verordnungszahlen, Abrechnungsdaten, neue Therapieformen
usw.) zurückgegriffen werden kann. Diese Veränderungen ermöglichen eine
exaktere Ermittlung der den Produktionswerten zugrunde liegenden Volu-
menentwicklung und geben Anhaltspunkte, ob Verbesserungen der Ergeb-
nisqualität vorliegen (Kapitel 6.3).

Aussagen zur Entwicklung der Behandlungs-/Strukturqualität in den einzelnen Teilbereichen der Gesundheitswirtschaft bedürfen dennoch einer Reihe von Annahmen für die Indexberechnung (vgl. Statistisches Bundesamt
2003). Das Statistische Bundesamt verwendet für die Deflationierung der
Krankenhausleistungen insgesamt (ohne Zuordnung zu Diagnosegruppen)
bereits seit Jahren einen Qualitätsindikator, der jedoch »auf die Preisentwicklung einen geringen Einfluss« hat (Statistisches Bundesamt 2008). Er
soll vor allem strukturelle Veränderungen nachweisen und besteht aus den
folgenden 4 Komponenten (Statistisches Bundesamt 2008):

- Durchschnittliche Verweildauer,
- Operationsdauer,
- Krankenhausfälle pro Arzt und
- Anteil des therapeutischen Personals am Gesamtpersonal.

Dieser Qualitätsindikator wurde an die DRG-Daten angepasst (Statistisches Bundesamt 2008, S. 30).

Die OECD entwickelte Qualitätsindikatoren für die Gesundheitsversorgung in fünf Bereichen, die teilweise den Krankheitsbezug aufweisen (OECD 2006). Dabei erfolgt eine Beschränkung auf Prozess- und Ergebnisindikatoren, da strukturelle Indikatoren nur schwer mess- und länderübergreifend vergleichbar sind:

- Patientensicherheit,
- Qualität der psychiatrischen Versorgung,
- Qualität der Gesundheitsförderung, Krankheitsvorsorge und der primären Gesundheitsversorgung,
- Qualität der Diabetes-Versorgung und
- Qualität der kardiologischen Versorgung.

6.1 Produktionsprozesse nach Krankheiten

Für eine »krankheitsbezogene Produktivitätsanalyse« der Gesundheitswirtschaft kann die Krankheitskostenrechnung (KKR) des Statistischen Bundesamtes (Statistisches Bundesamt 2010) als Ausgangspunkt dienen. Diese erfasst allerdings ausschließlich den Verbrauch von Waren und Dienstleistungen, denen Gesundheitsausgaben nach Abgrenzung der Gesundheitsausgabenrechnung gegenüberstehen. Also wird nur der Kernbereich der Gesundheitswirtschaft berücksichtigt.

Im Detail umfasst die KKR:

- die direkten (laufenden) Ausgaben für die Behandlung von Krankheiten (einschl. Verwaltungskosten, ohne die Berücksichtigung von Investitionen),
- rund 140 Positionen (Krankheitsklassen, Obergruppen und Kategorien auf Dreistellerebene) entsprechend der diagnosebezogenen Krankheitsklassifikation der WHO (ICD), in ihrer 10. Revision (ICD-10, siehe Tabelle A.6 im Anhang) und
- eine ergänzende Statistik zu den verlorenen Erwerbstätigkeitsjahren nach Krankheiten (ICD-10) sowie zu der vorzeitigen Sterblichkeit (vor dem Alter von 65/70 Jahren) zur Orientierung bezüglich der indirekten volkswirtschaftlichen Krankheitskosten.

Ein Kritikpunkt der KKR ist zuweilen, dass sich die Abbildung von Mehrfacherkrankungen (Multimorbidität) als schwierig erweist. Mangels detaillierter Daten werden sämtliche Fallkosten der Hauptdiagnose zugeordnet, wo diese bekannt ist. Liegen Diagnosedaten ohne Hierarchisierung (Haupt- und Nebendiagnose) vor, werden die Behandlungskosten mit gleichem Ge-

wicht anteilig allen Diagnosen zugeordnet, wodurch Mehrfach- und Begleiterkrankungen Berücksichtigung finden. Nicht personenbezogene Gesundheitsleistungen werden mittels ein- oder mehrstufiger Proportionalansätze
den Krankheitsgruppen zugerechnet. Diese Vorgehensweise wurde vom Statistischen Bundesamt im Vergleich zu anderen Ansätzen geprüft und als
robust eingestuft (vgl. Statistisches Bundesamt 2010, S. 5).

Die Daten des Statistischen Bundesamtes zur Krankheitskostenrechnung
erlauben eine Darstellung für den Zeitraum 2002 – 2008. Unter der Verwendung der bei BASYS vorliegenden Fortschreibung der Gesundheitsausgaben-
, Gesundheitspersonalrechnung und ihrer Integration in das Gesundheitssatellitenkonto wird dieser Zeitraum bis 2010 erweitert. Auch wenn im Gesundheitssatellitenkonto die Daten der Krankheitskostenrechnung verwendet werden, unterscheidet sich die Darstellung in folgenden Punkten:

- Die Produktionskosten werden zu Herstellungspreisen abbildet.
- Leistungen der Nichtmarktproduktion im Bereich der häuslichen Pflege und Vorleistungen im Rahmen des Arbeitsschutzes werden ausge-
  klammert, um die Kompatibilität mit der VGR zu gewährleisten.
- Es gilt das Inlandskonzept bei der Darstellung der Produktionswerte,
  d. h. die Behandlung von Krankheiten von Ausländern im Inland ist
  einbezogen, jedoch nicht von Inländern im Ausland.

Methodisch knüpft die Krankheitskostenrechnung bei den Ausgaben an.
Eine genaue Zuordnung nach Art des Ressourcenverbrauchs – Vorleistungen,
Personal und Kapital – wird im Gesundheitssatellitenkonto vorgenommen.
Grundlage hierfür bildet die Entstehungsrechnung und die Verteilung der
Wertschöpfung auf Arbeit und Kapital. Die Ergebnisse beider Rechnungen
liegen dennoch eng beieinander.

Inländische Verwendung nach Krankheiten

Ausgangspunkt der krankheitsbezogenen Betrachtung ist der Produktionswert zu Herstellungspreisen der inländischen Verwendung. Hierbei bildet
der Produktionswert den monetär bewerteten direkten Ressourcenverbrauch
und damit einen Inputfaktor ab, anhand dessen sich neben der Bedeutung
auch die Entwicklung der einzelnen Krankheitsgruppen darstellen lässt.

Im Jahr 2010 erstellte die Gesundheitswirtschaft in Deutschland insgesamt Güter und Dienstleistungen im Wert von rund 265 Mrd. € (Produktionswert zu Herstellungspreisen) für das Inland (d. h. ohne Zwischennachfrage und Exporte für das Ausland). Gegenüber 2002 stellt dies einen Zuwachs
von knapp 26 % dar. Das entspricht einem jährlichen Zuwachs in Höhe von

Abbildung 6.1: Produktionswerte nach Krankheitsgruppen (in Mio. €), 2002 und 2010

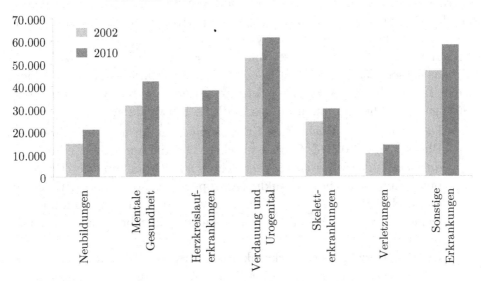

Abbildung 6.2: Wachstum der Produktionswerte der inländischen Verwendung nach Krankheitsgruppen(in %), 2002 – 2010

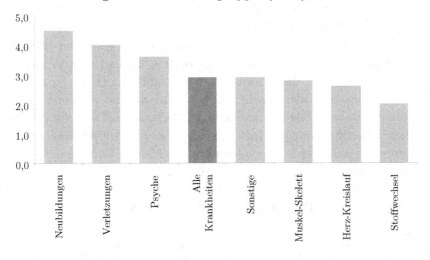

Quelle: Eigene Berechnungen und Darstellung.

2,9 % (siehe Abbildung 6.1; detaillierte Werte in Tabelle A.7 im Anhang).

Die volkswirtschaftlich bedeutendsten Krankheitsgruppen sind nach den Stoffwechsel- und Verdauungskrankheiten, die psychischen Erkrankungen, die Herz-Kreislauf-Erkrankungen (u. a. Hypertonie und Schlaganfall), die Krankheiten des Muskel-Skelett-Systems (insb. Dorsopathien (Rückenleiden), Arthrose und Osteoporose) und Neubildungen. Diesen 5 Krankheitsgruppen lassen sich 2010 73 % des gesamten Produktionswertes zuordnen (siehe Tabelle A.7 im Anhang). Allerdings zeigen sich bei Betrachtung der einzelnen Krankheitsgruppen unterschiedliche Entwicklungen:

- Die Gruppe der psychischen Erkrankungen nahm nominal mit einem Plus von über 10 Mrd. € am deutlichsten zu. Ihr Anteil am Gesamtproduktionswert erhöhte sich im betrachteten Zeitraum um einen Prozentpunkt auf 16 %. Diese Krankheitsgruppe weist damit das dritthöchste durchschnittliche jährliche Wachstum von 3,6 % aus. Die Krankheiten Demenz, Depression und Schizophrenie sind hier besonders kostenintensiv.

- Bei den Herz-Kreislauf-Erkrankungen stieg der Produktionswert im betrachteten Zeitraum um über 7 Mrd. €, das durchschnittliche jährliche Wachstum lag bei 2,6 %. Innerhalb dieser Krankheitsgruppe ergaben sich größere Verschiebungen bei den einzelnen Krankheitsbildern: Während beispielsweise die Krankenhausfälle bei den ischämischen Herzkrankheiten (I20 – I25) und den Krankheiten der Venen (I80 – I89) deutlich zurückgingen (durchschnittliche jährliche Veränderungsraten von -3,1 % (I20 – I25) bzw. -4,7 % (I80 – I89), stiegen die Fallzahlen bei den sonstigen Formen der Herzkrankheit (I30 – I52), mit einer durchschnittlichen Rate von 2,9 %, deutlich an. Besonders hervorzuheben ist die chronische Herzinsuffizienz (I50): Sie gehört zu den häufigsten Todesursachen in Deutschland und ist meist mit einer hohen Zahl von Begleiterkrankungen verbunden. Die Zahl der jährlichen Neuerkrankungen (Inzidenz) liegt bei ca. 200.000 Fällen.

- Den stärksten Anstieg verzeichnet mit 42 % die Gruppe der Krebserkrankungen[1] (*Neubildungen*, ICD-Obergruppen C00 bis D48, und *Krankheiten des Blutes* D50 bis D89). Dies entspricht einer durchschnittlichen jährlichen Zunahme in Höhe von 4,5 %. Von besonderer

---

[1] Unter dem Begriff »Krebs« werden alle bösartigen Neubildungen einschließlich von Lymphomen und Leukämien (ohne Hautkrebsformen mit Ausnahme des malignen Melanoms) erfasst.

Relevanz sind dabei die bösartigen Neubildungen. Die Zahl der jährlichen Neuerkrankungen stieg im Zeitraum 2006 bis 2008 um insgesamt 10 %.[2] Bei Kindern unter 15 Jahren ist allerdings die Zahl der gemeldeten Fälle von Krebserkrankungen im Zeitraum 2002 bis 2010 leicht rückläufig. Sie sank von 1.827 auf 1.707 Fälle.

- Unterdurchschnittlich stieg mit 17 % der Produktionswert bei den *Stoffwechsel-, Verdauungs- und Urogenitalerkrankungen* (ICD-Gruppen E, K und N). Die größten Zuwächse entfallen hier auf die Gruppe K00 – K93 Krankheiten des Verdauungssystems und dort wiederum insbesondere auf die Leistungen für Zahnbehandlungen. Innerhalb der Gruppe der Stoffwechselerkrankungen spielt Diabetes (E10 – E14) die größte Rolle. Deutlich ansteigend sind hier die Leistungen vor allem in der Altersgruppe ab 65 Jahren. Die Zahl der Erkrankten in Deutschland liegt bei ca. 8 Mio. (Prävalenz 2010 rund 7,8 %). 90 % entfallen auf Typ-II-Diabetes (Altersdiabetes), 10 % auf Typ-I und andere Formen. In den vergangenen Jahren stieg die Prävalenz des behandelten Diabetes mellitus und auch in Zukunft ist mit weiter steigenden Fallzahlen zu rechnen. Ursache hierfür ist einerseits die Alterung der Bevölkerung und andererseits die Zunahme von Übergewicht (Köster et al. 2011).
- *Muskel-Skelett-Erkrankungen* (ICD-Obergruppe M) liegen bezüglich des nominalen Zuwachses an fünfter, bezüglich der durchschnittlichen jährlichen Wachstumsraten mit 2,8 % an vierter Stelle im Vergleich der hier betrachteten Krankheitsgruppen (ohne sonstige Krankheiten). Von besonderer volkswirtschaftlicher Bedeutung sind diese Erkrankungen vor allem wegen der hohen indirekten Krankheitskosten infolge von Arbeitsunfähigkeit. Hervorzuheben sind hier die Rückenschmerzen (M45 – M54 Dorsopathien).

Güterstruktur nach Krankheiten

Auch bei der Güterstruktur der Gesundheitswirtschaft zeigen sich im Hinblick auf die einzelnen Krankheitsgruppen Veränderungen zwischen 2002 und 2010 (siehe Abbildung 6.3). Auffällig, und für alle Krankheitsgrup-

---

[2] Über die Zahl der Neuerkrankungen (Inzidenz) geben auch die Krebsregister der Länder Auskunft, bisher allerdings nicht flächendeckend. Insgesamt liegen nach Angaben des Robert-Koch-Institutes (RKI) für mehr als 50 Mio. Einwohner belastbare Daten zu Krebsneuerkrankungen vor. Auch auf Bundesebene wird ein zentrales Krebsregister aufgebaut (Zentrum für Krebsregisterdaten beim RKI), das Ende 2010 erstmals einheitliche Daten der Landesregister zusammenführte (RKI 2012).

Abbildung 6.3: Wachstum der Produktionswerte nach Krankheitsgruppen
und Produktionsbereichen (in %), 2002 - 2010

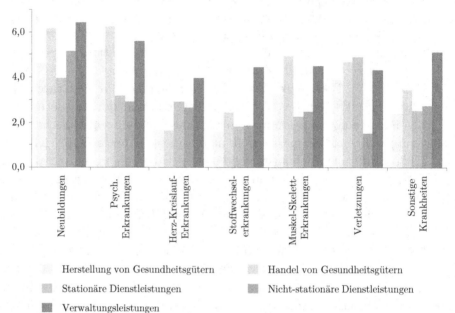

Quelle: Eigene Berechnungen und Darstellung.

pen gleichermaßen geltend, ist der überproportionale Anstieg der Verwaltungsleistungen – mit einer durchschnittlichen jährlichen Wachstumsrate von 4,9 % gegenüber 2,9 % für alle Einrichtungen (Krankheiten insgesamt). Da gleichzeitig die Zahl der Beschäftigungsverhältnisse aller Einrichtungen im Bereich Verwaltung von 217.000 auf 199.000 sank (bei gleichzeitig steigender Zahl der Teilzeit-Beschäftigungsverhältnisse von 36.000 auf 41.000, Statistisches Bundesamt 2011b), erklärt das den hohen ermittelten Produktivitätszuwachs.

Eine Besonderheit bei der Produktion von »Gesundheit« ist, dass der Leistungsempfänger (Patient) selbst immer auch Teil des Produktionsprozesses ist (Stichworte: Therapietreue, Abhängigkeit der Heilungsprozesse vom Alter und weiteren körperlichen Parametern, d. h. von der Morbiditätsentwicklung). Steigt bei gleichbleibender Fallzahl das Durchschnittsalter der Patienten, ist dies in der Regel mit einem höheren Ressourcenaufwand im Behandlungsprozess verbunden. Insofern sind bei der Beurteilung der Produktionswerte der ambulanten und stationären Bereiche nach Möglichkeit auch Veränderungen in der Morbidität (Patientenstruktur nach Alter, Mehrfacherkrankungen, Selbstmanagementfähigkeiten usw.) zu berücksichtigen (vgl. dazu Statistisches Bundesamt 2008, S. 29).

So hat sich beispielsweise das Alter der im Krankenhaus behandelten Patienten im Zeitraum 2002 bis 2010 insgesamt deutlich zugunsten der über 65-Jährigen verändert. Das durchschnittliche Alter vollstationär behandelter Patienten stieg von 52,5 Jahre (2005) auf 54,3 Jahre (2010) (Statistisches Bundesamt 2011a) mit einer durchschnittlichen jährlichen Wachstumsrate von 0,7 %. Auch dabei zeigen sich Unterschiede nach einzelnen Krankheitsgruppen, auf die im Detail weiter unten eingegangen wird.

Mit steigendem Alter der Patienten steigt auch die Zahl der vorhandenen Nebendiagnosen stark an (siehe Abbildung 6.4). Insgesamt erhöhte sich die durchschnittliche Anzahl der Nebendiagnosen je vollstationär behandeltem Fall von 3,9 (2005) auf 4,7 (2010) (Statistisches Bundesamt 2011a), was einer durchschnittlichen jährlichen Wachstumsrate von 3,8 % entspricht. Auch im ambulanten Bereich steigt die Anzahl der je Fall kodierten Diagnosen an – im Zeitraum 2004 bis 2007 pro Jahr um 5,7 % (von 8,1 auf 9,6 Diagnosen) (Institut des Bewertungsausschusses 2009, S. 130).

Diese Entwicklung steht vermutlich in engem Zusammenhang mit der Einführung der Vergütung der Krankenhausleistungen nach DRGs und der kontinuierlichen Verbesserungen der Kodierhilfen in den Praxis-EDV-Systemen. Aber als zweiter Einflussfaktor ist auch die Zunahme der Morbidität zu berücksichtigen, deren jährliche Veränderungsraten nach Berechnungen des InBA im Zeitraum 2004 bis 2007 im Mittel bei 2,83 % lagen (Institut des Bewertungsausschusses 2009, S. 44).

Neubildungen

Bei der Behandlung von *Krebserkrankungen* spielen die stationären Dienstleistungen mit 12,5 Mrd. € oder 60 % des Produktionswertes 2010 die weitaus größte Rolle (siehe Tabelle A.7 im Anhang). Über 53 % (3,3 Mrd. €) des nominalen Zuwachses gegenüber 2002 entfielen auf diesen Bereich. Bezogen auf alle Krankheiten werden von den stationären Dienstleistungen 2010 lediglich 38 % aller Leistungen erwirtschaftet.

Tabelle 6.1: Veränderung der stationären Fälle nach Diagnose- und Altersgruppen, 2002 – 2010

Diagnosegruppe	Fallzahl-änderung	Jährliches Wachstum (%)
A00-T98 (Alle Diagnosen ohne Faktoren...)	781.647	0,6
Unter 15 Jahre	-123.339	-1,2
15 bis unter 45 Jahre	-571.305	-1,6
45 bis unter 65 Jahre	6.313	0
65 Jahre und älter	1.469.978	2,6
C00-D48 (Neubildungen)	-136.233	-0,9
Unter 15 Jahre	-11.081	-3,8
15 bis unter 45 Jahre	-79.359	-4,4
45 bis unter 65 Jahre	-131.675	-2,3
65 Jahre und älter	85.882	1,1
F00-F99 (Psychische und Verhaltensstörungen)	176.990	2,1
Unter 15 Jahre	5.179	1,4
15 bis unter 45 Jahre	28.208	0,7
45 bis unter 65 Jahre	105.434	4,1
65 Jahre und älter	38.169	2,7
I00-I99 (Krankheiten d. Kreislaufsystems)	-53.831	-0,2
Unter 15 Jahre	-6.546	-4,9
15 bis unter 45 Jahre	-59.413	-3,9
45 bis unter 65 Jahre	-157.142	-2,6
65 Jahre und älter	169.270	1,2
M00-M99 (Krankheiten d. Muskel-Skelett-Systems)	335.539	2,8
Unter 15 Jahre	-119	-0,1
15 bis unter 45 Jahre	-36.226	-1,5
45 bis unter 65 Jahre	96.026	2,1
65 Jahre und älter	275.858	5,8
S00-T98 (Verletzungen und Vergiftungen)	185.399	1,3
Unter 15 Jahre	-18.815	-1,1
15 bis unter 45 Jahre	-95.618	-2,3
45 bis unter 65 Jahre	67.621	2,2
65 Jahre und älter	232.211	4,4

Quelle: GBE, Diagnosedaten der Krankenhäuser ab 2000.

Abbildung 6.4: Nebendiagnosen je Krankenhausfall nach Alter, 2007

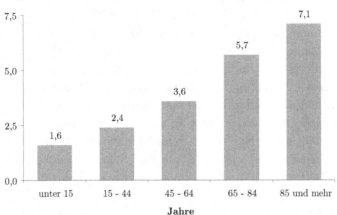

Quelle: Statistisches Bundesamt 2009, S. 12.

Im Zeitverlauf zeigt sich jedoch, dass für Neubildungen die Werte aller anderen Güterbereiche schneller wachsen als die des stationären Sektors. Vor allem die nicht-stationären Dienstleistungen erhöhten sich mit über 1,5 Mrd. € deutlich. Im Ergebnis hat sich die Produktionsstruktur 2010 gegenüber 2002 zugunsten des ambulanten Bereichs (plus 1 Prozentpunkt) verschoben, während sich der Anteil des stationären Bereichs um 2,5 Prozentpunkte verringerte.

Dies spiegelt sich auch in den Diagnosedaten der Krankenhäuser wider. Diese zeigen ebenfalls einen Rückgang der stationär behandelten Fälle in der Diagnosegruppe Neubildungen (C00 – D48). Die Analyse ergibt für den Zeitraum 2002 bis 2010 (Statistisches Bundesamt 2011a), dass sich die Zahl der Fälle insgesamt von 1,97 Mio. im Jahr 2002 auf 1,84 Mio. Fälle 2010 verringerte (-136.237). Gleichzeitig erhöhte sich damit der Produktionswert je Fall in der Gruppe der Neubildungen von 4.646 € (2002) auf 6.791 € je Fall (2010). Allerdings veränderte sich die Patientenstruktur deutlich bezüglich ihres Alters: Während die Fallzahl insgesamt (alle Altersgruppen) mit 0,9 % pro Jahr sank, stieg sie bei den über 65-Jährigen mit einer Rate von 1,1 % an.

Psychische Erkrankungen

In der Gruppe der psychischen Erkrankungen und Verhaltensstörungen sind es vor allem die Leistungen der stationären Einrichtungen, die nominal im Untersuchungszeitraum mit einem Plus von knapp 5 Mrd. € am deutlichsten gestiegen sind – das ist der höchste Zuwachs in einer einzelnen Gütergruppe auch im Vergleich zu allen anderen hier betrachteten Krankheitsgruppen (siehe Tabelle A.6 im Anhang). Wie aus Abbildung 6.5 hervorgeht, steigen die altersstandardisierten Verweildauern im Krankenhaus bei den psychischen Erkrankungen bereits seit Jahren entgegen dem rückläufigen Trend in fast allen anderen ICD-Gruppen. Diese Entwicklung dürfte in erheblichem Maße mit der Einführung der diagnosebezogenen Vergütung zu erklären sein, die im Bereich der Psychiatrie nicht ebenfalls bereits im Jahr 2004, sondern erst ab 2013 erfolgte. Sie sind aber u. a. auch Ausdruck steigender Stressbelastungen im Arbeitsprozess, wie dem aktuellen Stressreport der Bundesanstalt für Arbeitsschutz und Arbeitsmedizin (BAuA) zu entnehmen ist: Während die Beschäftigten zunehmenden Belastungen durch »starken Termin- und Leistungsdruck« und »sehr schnell arbeiten müssen« sowie »detailliert vorgeschriebene Arbeitsdurchführung« ausgesetzt sind, werden auf der anderen Seite auch weniger Ressourcen angegeben – vor allem fehlende Hilfe und Unterstützung durch den direkten Vorgesetzten (Lohmann-Haislah 2012).

Anders als bei den meisten Krankheitsgruppen ist es bei den psychischen Erkrankungen (F00 – F99) die Altersgruppe der 45- bis 65-Jährigen, die im Untersuchungszeitraum den höchsten durchschnittlichen Zuwachs an stationär behandelten Fällen aufweist (+ 4,1 %).

Starke Zuwächse weisen jedoch auch die Bereiche Herstellung von Gesundheitsgütern (v. a. Arzneimittel und Medizintechnik, durchschnittliches jährliches Wachstum von 5,2 %) und Handel/sonstige Leistungen (jährlicher Zuwachs von 6,2 %) auf. Der ambulante Sektor dagegen verlor mit einer unterdurchschnittlichen Wachstumsrate von 2,9 % leicht.

Herz-Kreislauf-Erkrankungen

In der Gruppe der Herz-Kreislauf-Erkrankungen hat sich das Leistungsspektrum im Untersuchungszeitraum leicht zugunsten stationärer Einrichtungen verschoben (durchschnittliches jährliches Wachstum von 2,9 %), während Herstellung und Handel mit Gesundheitsgütern mit je 1,6 % unterdurchschnittlich wuchsen. Die Anzahl der stationären Herzoperationen ist im Zeitraum 2002 – 2010 ebenfalls um durchschnittlich 1,6 % pro Jahr angestiegen (siehe Tabelle 6.2). Eine aktuelle Untersuchung zur Mengenent-

Abbildung 6.5: Altersstandardisierte Verweildauern in Krankenhäusern nach Diagnosegruppen, 2002 und 2010

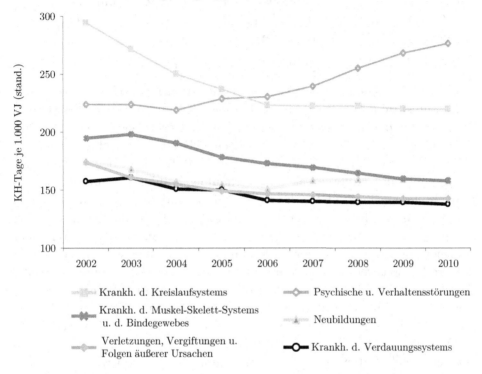

Quelle: Eigene Darstellung nach Barmer GEK Report Krankenhaus 2012.

Tabelle 6.2: Entwicklung der Zahl der Herzoperationen, 2002 und 2010

| | Anzahl | | Jährliche |
	2002	2010	Veränderung (%)
Insgesamt	144.840	166.621	1,6
Koronarchirurgie	73.929	55.993	-3,0
Klappenchirurgie	16.527	25.127	4,8
Sonstige Operationen	48.742	79.779	5,6
Korrektur/Palliation angeborener Herzfehler	5.642	5.722	0,2

Quelle: Herzbericht, Dr. Ernst Bruckenberger, www.gbe-bund.de.

wicklung im stationären Bereich (Augurzky et al. 2012, S. 22) zeigt, dass die Hauptdiagnosegruppe (Major Diagnostic Category MDC) 05 »Krankheiten und Störungen des Kreislaufsystems« die Krankheitsgruppe mit dem zweitstärksten Anstieg der stationären Fallzahlen im Zeitraum 2006 bis 2010 ist (Zuwachs von knapp 10 %). Rund 70 % dieses Anstiegs lassen sich auf demografische Faktoren zurückführen.

Stoffwechsel-, Verdauungs- und Urogenitalerkrankungen

An zweiter Stelle nach den Verwaltungsleistungen (durchschnittliche Wachstumsrate 4,4 %) stieg innerhalb dieser Krankheitsgruppe der Bereich des Einzelhandels und sonstiger Leistungen des Kernbereichs (+ 2,4 %). Nominal hingegen erreichten die ambulanten Leistungen mit einem Plus von 4,6 Mrd. € den höchsten Zuwachs. Mit 56 % (2010) liegt der Versorgungsschwerpunkt der Stoffwechsel- und Verdauungskrankheiten im ambulanten Bereich, der stationäre Bereich erwirtschaftet rund 19 % der Leistungen.

Innerhalb der Krankheitsgruppe K (K00 – K93 Krankheiten des Verdauungssystems) spielt die Gruppe der Erkrankungen der Mundhöhle, der Speicheldrüse und der Kiefer (K00 – K14) die wichtigste Rolle (ca. 80 % des Produktionswertes). Und darunter wiederum sind es die Diagnosen K02 Zahnkaries und K08.1 Zahnverlust, die den größten Anteil ausmachen. Sowohl bei den Zahnextraktionen als auch bei den Füllungen lässt sich ein langfristig rückläufiger Trend feststellen, was als Ausdruck einer verbesserten Mundgesundheit der Bevölkerung gewertet werden kann. Auch die Zahl der neu angefertigten Totalprothesen nimmt ab. Dagegen wächst die Zahl von Paradontalbehandlungen (Statistisches Bundesamt 2010).

In die Krankheitsgruppe E Endokrine, Ernährungs- und Stoffwechselkrankheiten fallen auch die verschiedenen Formen des Diabetes (E10 – E14 Diabetes mellitus). Seit Jahren steigt die Prävalenz der behandelten Diabetesfälle an, allein im Zeitraum 2000 bis 2007 um 37 % (von 6,5 auf 8,9 %) (Köster et al. 2011). Insbesondere der Typ-II-Diabetes (Altersdiabetes) geht mit einer hohen Wahrscheinlichkeit mit Komorbiditäten einher (beispielsweise Herz-Kreislauf-Erkrankungen).

Muskel-Skelett-Erkrankungen

Auch bei den Erkrankungen des Bewegungsapparates liegt der Versorgungsschwerpunkt wie bei den Stoffwechsel-, Verdauungs- und Urogenitalerkrankungen mit 38 % aller Leistungen (2010) im ambulanten Bereich. Nominal ist hier auch der größte Zuwachs gegenüber 2002 zu verzeichnen

(+ 2 Mrd. €). Allerdings stieg die Gütergruppe Handel und sonstige Leistungen mit jährlich 4,9 % am stärksten.

Die wichtigste Rolle spielen Rückenleiden (M45 – M54 Dorsopathien). Rund 80 % des Ausgabenzuwachses im Zeitraum 2002 bis 2008 (Basis KKR) entfielen hier auf ambulante Leistungen.

Im stationären Bereich zeigt sich erneut deutlich eine Verschiebung der Patientenstruktur bezüglich der Altersgruppen, allerdings mit deutlichen Zuwächsen bereits ab 45 Jahren. Hervorzuheben ist hier, dass nach Augurzky et al. 2012, S. 22, die Hauptgruppe der Muskel-Skelett-Erkrankungen (MDC 08) diejenige Gruppe ist, die im Zeitraum 2006 bis 2010 mit Abstand den höchsten Fallzahlanstieg im Krankenhaus zu verzeichnen hat – +15,6 % ohne bzw. 12 % mit Altersstandardisierung. Das zeigt, dass lediglich 20 % des Zuwachses demografisch bedingt sind.

Verletzungen

Auffällig in der Krankheitsgruppe Verletzungen, Vergiftungen und andere Folgen äußerer Ursachen ist, dass knapp die Hälfte des Produktionszuwachses auf den stationären Bereich entfällt. Angesichts der Alterung der Bevölkerung dürften hier sowohl das Krankenhaus als auch die stationäre Pflege eine Rolle spielen, denn häufig sind Frakturen (insbesondere Hüfte und Oberschenkel) bei Älteren Auslöser für eine dauerhafte Betreuungsbedürftigkeit. Die mengenmäßige Zunahme entfällt hier vor allem auf Verletzungen des Kopfes, der Schulter, des Oberarmes sowie der Hüfte und des Oberschenkels.

6.2 Beispiel Zahnerkrankungen

Der krankheitsbezogene Produktivitätsvergleich, der vom McKinsey Global Institute 1996 zwischen Deutschland, den USA und Großbritannien durchgeführt wurde (McKinsey Global Institute 1996, Leiter 1997, Börsch-Supan 2007), konzentriert sich auf die vier Krankheiten Brustkrebs, Lungenkrebs, Gallensteine und Diabetes. Dabei wurde der Behandlungsaufwand für jeden einzelnen Behandlungsschritt berechnet und erfasst, welche Behandlungsvariante wie oft durchgeführt wurde. Dieser Ressourcenaufwand ist analog zur Outputberechnung volumenmäßig zu berechnen. Das bedeutet, die verschiedenen Inputs wurden zu einem Inputindex zusammengefasst.

Die Krankheitskostenrechnung des Statistischen Bundesamtes ermöglicht keine volumenmäßige Darstellung der Inputs. Eine Abschätzung der Inputseite ist mit Hilfe dieser Rechnung somit nicht möglich. Insbesondere die Messung des Inputfaktors Kapital ist in einer krankheitsbezogenen Betrachtung mit außerordentlichen Schwierigkeiten verbunden. Nicht minder problematisch erscheint die exakte Erfassung der für eine bestimmte Krankheitsbehandlung aufgewendeten Arbeitszeit. Der Umfang einzelner ärztlicher und pflegerischer Tätigkeiten kann im Falle einer Multimorbidität nur begrenzt einzelnen Krankheitsbildern zugerechnet werden. Insgesamt wäre zur Durchführung einer umfassenden Studie zur Multifaktorproduktivitätsentwicklung nach Krankheitsgruppen eine umfangreiche statistische Neuerhebung notwendig.

In einem Einzelfall, in der Krankheitsgruppe der Zahnkrankheiten, erlauben sektorspezifische Besonderheiten auch auf Basis bereits bestehender Daten die Berechnung einer zumindest approximativen Multifaktorproduktivität. Behandlungen durch Zahnärzte sowie der Zahnersatz stellten im Jahr 2011 mit 11,65 Mrd. € einen wesentlichen Bestandteil der Ausgaben der Gesetzlichen Krankenversicherung und einen wichtigen Teilbereich der Gesundheitswirtschaft dar. Als singuläre Besonderheit dieser Krankheitsgruppe ist die weitgehende Übereinstimmung von Sektor (ambulante zahnärztliche und kieferorthopädische Praxen) und Krankheitsbild zu nennen. Infolgedessen können in diesem Bereich sektorspezifische Daten auf die Krankheitsgruppe übertragen werden. Dies ermöglicht die Berechnung einer krankheitsbezogenen Multifaktorproduktivität. Für die hierfür benötigte Bestimmung des Outputs, der Inputfaktoren sowie der Faktoranteile wurden verschiedene Statistiken des Statistischen Bundesamtes sowie der Kassenzahnärztlichen Bundesvereinigung (KZBV) herangezogen.

a) Bestimmung von Output und Inputfaktoren

Zur Messung der Veränderungsrate des *Outputs* bei der Behandlung von Zahnerkrankungen wurde der über die KZVen mit der GKV abgerechnete »physische Output« (Gesamtzahl der mit der GKV abgerechneten zahnärztlichen Fälle) herangezogen.[3] Im Mittel ist über die Jahre 2002 bis 2010 kein quantitatives Wachstum im *Output* an Zahnbehandlungen feststellbar. Der medizinisch-technische Fortschritt führte im gleichen Zeitraum gleichwohl zu verbesserten Möglichkeiten der Behandlung und damit zur Steigerung des *Outcomes*. Infolgedessen muss zwingend eine Qualitätsbereinigung vor-

---

[3] Die Wahl dieses Output-Maßes impliziert die Einbeziehung der Vorleistungen als Input, da die Fallzahl in Zahnarztpraxen auch von der Entwicklung der Material- und Laborkosten determiniert wird.

genommen werden, die sich methodisch und konzeptionell jedoch als außerordentlich schwierig darstellt (Department of Health 2005). Ein Qualitätsindex, der die Verbesserung des Outcomes misst, ist bis dato nicht verfügbar. Um dennoch einen *qualitätsbereinigten* Output schätzen zu können, soll im Folgenden der Qualitätszuwachs in der präventiven und Akutbehandlung von Zahnerkrankungen über den Rückgang in der Zahl der Zahnkariesdiagnosen im stationären Sektor approximiert werden (Statistisches Bundesamt 2011e).[4] Das Jahr 2002 wird dabei auf einen Qualitätswert von 1 normiert; in den Folgejahren wird der Output um die Veränderung der Zahl der Zahnkariesdiagnosen als Anteil an den Gesamtdiagnosen und -fällen im stationären Sektor, erfasst als Qualitätsindex, bereinigt (zum Vorgehen der Qualitätsbereinigung siehe bereits Infobox 9).

Auf der Inputseite wird der Faktor *Arbeit* über die Summe der im Gesundheitswesen tätigen Zahnärzte, zahnmedizinischen Fachangestellten und Zahntechniker dargestellt. Die Änderungsraten in den Faktoren *Kapital* und *Vorleistungen* werden über die Veränderung in den Finanzierungsvolumina bei Neugründung einer zahnärztlichen Einzelpraxis bzw. über die Material- und Laborkosten für Zahnersatz approximiert. Die beiden letzteren, monetären Größen wurden preisbereinigt.

b) Bestimmung der Faktoranteile

Problematischer als die Approximation der Produktionsfaktoren selbst erscheint die Bestimmung ihrer relativen Gewichte am gesamten Inputeinsatz (Tabelle 6.3). Die Übereinstimmung von Sektor und Krankheitsbild erlaubt jedoch, die betriebswirtschaftliche Inputzusammensetzung von Zahnarztpraxen direkt auf Zahnbehandlungen zu übertragen. Der Faktoranteil für Kapital wird für den gesamten Untersuchungszeitraum als Anteil des Gewinnüberschusses an den Gesamteinnahmen bzw. des Umsatzes geschätzt, der kein Selbstständigeneinkommen darstellt. Als Proxy zur Bestimmung der Höhe des Selbstständigeneinkommens wird eine »Faustformel« zur Vergütung angestellter Zahnärzte herangezogen, wonach diese 25 % der erlösten Umsätze erhalten sollen (Klapdor 2011). Dieser Anteil wird dem Faktoranteil für Arbeit als Anteil der Angestelltenvergütung an den Gesamtkosten zugerechnet. Der Ausgabenanteil für die Vorleistungen ergibt sich schließlich als Kostenanteil von Fremdlabor, Materialien und sonstigen Ausgaben

---

[4] Angenommen wird hierbei, dass die Möglichkeiten der Diagnose von Zahnkaries über den Beobachtungszeitraum konstant waren.

Tabelle 6.3: Messung von Output, Input und Faktoranteilen der Versorgung der Mundgesundheit

Messung	Quelle	Preis- oder qualitäts-bereinigt (PB/QB)
Output		
Zahnärztliche Behandlung von GKV-Versicherten, Abrechnungs-/Leistungsfälle	Bundesministerium für Gesundheit 2012	QB: Diagnosedaten in Krankenhäusern, ICD-10: K02, Statistisches Bundesamt 2011c
Input		
Arbeit VZÄ: Zahnärzte, zahnmedizinische Fachangestellte, Zahntechniker	Statistisches Bundesamt 2011b	-
Kapital Finanzierungsvolumina zahnärztlicher Einzelpraxen bei Neugründungen	KZBV 2011	PB: Erzeugerpreisindex *Andere zahnärztliche Instrumente*
Vorleistungen Zahnersatz (Material- und Laborkosten) aus: Gesundheitsausgaben in Deutschland	Statistisches Bundesamt 2013	PB: Erzeugerpreisindex *(Zahn-)medizinische Apparate/Materialien*
Faktoranteil		
Arbeit Ausgabenanteil Personal plus Selbstständigeneinkommen (pauschal 25 % als Anteil am Reinertrag)	Erlös- und Kostenstruktur, KZBV 2011	
Kapital Reinertrag in % der Einnahmen minus Selbstständigeneinkommen (pauschal 25 % als Anteil am Reinertrag)	Erlös- und Kostenstruktur, KZBV 2011	
Vorleistungen Ausgabenanteil Fremdlabor,Materialien, Sonstige Ausgaben	Erlös- und Kostenstruktur, KZBV 2011	

Quelle: Eigene Darstellung.

Tabelle 6.4: MFP Berechnung bei der Zahnbehandlung (qualitätsbereingt)

	Wachstumsanteile		Mittelwert 2002-2010, in %
	Output/Outcome		
(1)		Qualität	-0,1
(2)		Quantität	3,3
(3)=(1)+(2)		Outcome*	3,2
(4)	Kapital		0,1
(5)	Arbeit		0,4
(6)	Vorleistungen		0,5
(7)=(3)-(4)-(5)-(6)	Multifaktorproduktivität		2,2

* qualitätsbereinigt

Quelle: Eigene Berechnungen.

an den Gesamtausgaben. Für sämtliche Ausgabenanteile liegen Daten für die Jahre 2002 bis 2009 vor; das Jahr 2010 wird mit dem arithmetischen Mittel von 2002 bis 2009 angesetzt.

c) Berechnung der Multifaktorproduktivität

Aus den Faktoren und ihren Anteilen kann für den Untersuchungszeitraum 2002 bis 2010 die Multifaktorproduktivität berechnet werden (vgl. Tabelle 6.4). Über den gesamten Untersuchungszeitraum ergibt sich ein durchschnittlicher qualitätsbereinigter Outputzuwachs von 3,2 %. Die ermittelte Multifaktorproduktivität liegt für den Untersuchungszeitraum deutlich im positiven Bereich mit einer durchschnittlichen jährlichen Steigerung von 2,2 %. Dieses auf Basis qualitäts- und preisbereinigter Werte gewonnene Ergebnis liegt oberhalb der effektiven Multifaktorproduktivität, die für Gesundheitsdienstleistungen über die Jahre 2002 bis 2010 gemessen wurde. Damit wird nochmals die Bedeutung der Berücksichtigung von Qualitätsverbesserungen bei der Messung des medizinisch-technischen Fortschritts im Gesundheitswesen deutlich. Die hier gezeigte Qualitätsbereinigung kann jedoch aufgrund der begrenzten Datenlage bisher allenfalls approximativ und im Einzelfall vorgenommen werden und bedürfte weiterer und eingehenderer Untersuchungen (Triangulation).

Insgesamt muss im Rahmen dieser Untersuchung die Berechnung von krankheitsbezogenen Produktivitätswerten auf Zahnkrankheiten beschränkt bleiben. Eine Übertragung dieser Methodik auf andere Krankheiten wurde eingehend geprüft, erscheint jedoch auf Basis der im Vergleich zu Zahnkrankheiten nochmals eingeschränkteren Datenverfügbarkeit momentan nicht darstellbar. Für künftige Forschungsvorhaben wurde jedoch ein vielversprechender Anknüpfungspunkt skizziert.

6.3 Innovationen nach Krankheitsgruppen

Diagnose und Behandlung von Krankheiten verändern sich im Zeitablauf vor allem im Zuge des medizinisch-technischen Fortschritts. Der Einsatz neuer Untersuchungs- und Behandlungsmethoden oder Arzneimittel ist meist mit höheren Kosten verbunden, die sich jedoch in der Regel in einer Qualitätsverbesserung niederschlagen (z. B. kürzere Therapiedauer, besseres Behandlungsergebnis usw.). Aus der Sicht der Produktionsprozesse handelt es sich dabei um Änderungen in der Zusammensetzung eines Güterbündels. Dem wird »am besten durch einen disaggregierten Deflationierungsansatz ... entsprochen« (Statistisches Bundesamt 2003). Im Hinblick auf die einzelnen Krankheitsgruppen gibt es hier seit 2002 in der Entwicklung bzw. dem medizinischen Fortschritt erhebliche Unterschiede.

Neubildungen: Im Rahmen der Behandlung von *bösartigen Neubildungen* sind dabei folgende Verfahren zu nennen, die die Entwicklung des Krankheitsgeschehens seit 2002 entscheidend beeinflusst haben:

- Diagnostik: Ganzkörper-PET/CT ermöglichen Tumorlokalisation in nur einer Untersuchung,
- Chemotherapie: Tabletten anstelle von Infusionen (z. B. bei Darmkrebs) verringern die Zahl der erforderlichen Arztbesuche und Krankenhausaufenthalte,
- Strahlentherapie: 70 % aller Strahlentherapien sind heute ambulant durchführbar; Ganzkörper-PET/CT (3-D-Bestrahlung und HD-Technik) verkürzen die Behandlungszeit und reduzieren Nebenwirkungen deutlich (TSB Technologiestiftung Berlin 2012),
- Radiochirurgie (stereotaktische Einzeitbestrahlung, »Gamma oder Cyber-Knife«): Besonders schonende Form der ambulanten Strahlentherapie, durch die sehr hohe Dosis reicht meist eine Sitzung, keine aufwändige Reha notwendig, geringer Arbeitsausfall beim Patienten (Stueve et al. 2009).

Die Zahl der Teilnehmer an gesetzlichen *Krebsfrüherkennungsuntersuchungen* (nach § 25 (2) SGB V) bei Männern insgesamt erhöhte sich im

Zeitraum 2008 bis 2010 (frühere Daten sind nicht verfügbar) um fast 15 % von 5,54 Mio. auf 6,35 Mio. Damit stieg die Teilnahmerate von 21 % auf 24 %. Anspruchsberechtigt sind Männer ab 45 Jahren. Im Zeitverlauf stieg vor allem die Teilnahmerate in den älteren Gruppen ab 70 Jahren deutlich. Bei den jüngeren Kohorten lag der Wert 2010 jeweils unter dem Vorjahreswert. Bei den Krebsfrüherkennungsuntersuchungen der Frauen (einmal jährlich ab 20 Jahren) zeigt sich im Zeitraum 2008 bis 2010 kein so deutlicher Trend wie bei den Männern: 2010 nahmen mit 14,8 Mio. Frauen ca. 2 % mehr an der Früherkennung teil als 2008, jedoch war das im Vergleich zu 2009 (15 Mio.) ein Rückgang von rund 1,4 %. Die Teilnahmequote liegt im Durchschnitt der drei Jahre bei 48 % aller anspruchsberechtigten Frauen. In den einzelnen Altersgruppen ging die Beteiligung an der Krebsvorsorge 2010 vor allem bei den 35- bis 45-Jährigen deutlich zurück.

Tabelle 6.5 zeigt die Situation bezüglich der Früherkennung nach verschiedenen Krebsarten. Die gesteigerten Aktivitäten zur Krebsfrüherkennung erklären teilweise die hohen jährlichen Wachstumsraten der Produktionswerte in der Krankheitsgruppe Neubildungen und im Vergleich der Gütergruppen den deutlich höheren Zuwachs der nicht-stationären gegenüber den stationären Dienstleistungen.

Psychische Erkrankungen: Zur Behandlung von Depressionen, deren 12-Monats-Prävalenz bei 12 % in der erwachsenen Bevölkerung in Deutschland liegt, wurden unterschiedliche innovative Arzneimittel entwickelt: dual wirksame selektive Serotonin- und Noradrenalin-Wiederaufnahmehemmer (SNRI), noradrenerg und spezifisch serotonerge, die α-Rezeptoren blockierende Antidepressiva (NaSSA) und der Dopamin- und Noradrenalin-Wiederaufnahmehemmer (DNRI). In den letzten 10 Jahren wurden vor allem Präparate entwickelt, deren Verträglichkeit besser ist, aber auch neu kombinierte selektive Wirkmechanismen zu Behandlung schwieriger (»therapieresistenter«) Fälle (Baghai, Volz, Möller 2011).

Innovative Versorgungsform: Das Nürnberger Bündnis gegen Depression ist eine wichtige Initiative des seit 1999 vom Bundesforschungsministerium geförderten »Kompetenznetzes Depression Suizidalität«. Das Nürnberger Modellprojekt ist mittlerweile zum bundesweiten »Deutschen Bündnis gegen Depression« herangewachsen. Durch dieses Bündnis ist sowohl die Zahl der Selbsttötungen als auch der Suizidversuche in der Region Nürnberg – innerhalb von nur zwei Jahren – um 25 % gesunken (BMBF 2008).

Herz-Kreislauf-Erkrankungen: Wesentliche Innovationen in der Arzneimitteltherapie bei Herz-Kreislauf-Erkrankungen wurden Ende des letzten Jahrhunderts gemacht: ACE-Hemmer (1987), AT1-Blocker, Beta Blocker (1985), Aldosteron-Antagonist Spironolacton (1999). Seit 2000 steht mit der Gruppe der Calcium-Sensitizer (Simdax von Orion Pharma) eine neue Wirkstoffgruppe zur Therapie der akuten Herzinsuffizienz zur Verfügung (Dtsch Arztebl 2000; 97(36): A-2332 / B-1892 / C-1736).

Moderne Therapiemaßnahmen sollen heute eine Herzinsuffizienz verhindern oder deren Progression verlangsamen (z. B. kardiale Resynchronisationstherapie, Hochrisiko-Herzchirurgie, Mitralklappenrekonstruktion, linksventrikuläre Rekonstruktion), beziehungsweise das Überleben im Endstadium der Herzinsuffizienz (NYHA III und IV) ermöglichen (z. B. implantierbare Defibrillatoren, mechanische Kreislaufunterstützung und Herztransplantation). Sämtliche erwähnten Behandlungen steigern bei rechtzeitiger Indikationsstellung sowohl die Lebensqualität als auch die Überlebensdauer der Patienten (Bauriedel et al. 2005).

Innovative Versorgungsform: »Netzwerk Care« interdisziplinäre Betreuung mit Telefon-basiertem Monitoring und individueller Schulung durch spezialisierte Krankenschwestern sowie bedarfsangepasster Mitbetreuung durch Spezialisten. Netzwerk Care ermöglicht bei höherer Lebensqualität ein signifikant längeres Überleben. Die Sterblichkeit herzinsuffizienter Risikopatienten wird durch die auf Verhaltensmodifikation abzielende Intervention um 40 % gesenkt (BMBF 2008).

Telemedizin-Projekt Zertiva: Durch die telemedizinische Versorgung konnten im Rahmen des Projektes die durchschnittliche Anzahl der Arbeitsunfähigkeitstage pro Patient um 3,55 Tage gesenkt werden, die Häufigkeit und Dauer der Krankenhausaufenthalte und Rehabilitationen verringerte sich deutlich (KH-Tage von 754 auf 196, Rehatage von 660 auf 65). Die effektivitäts-adjustierten Behandlungskosten konnten mit Telemedizin pro Patient um 3.332 € p. a. gesenkt werden (Heinen-Kammerer et al. 2006).

Verdauungs- und Stoffwechselerkrankungen: Die Einführung von Disease-Management-Programmen (DMP) ab 2002 für Diabetiker hat gezeigt, dass eine engmaschigere Betreuung der Patienten mit regelmäßiger Kontrolle der physiologischen Parameter und Vorsorgeuntersuchungen (z. B. Augen) die Häufigkeit und Schwere von Folgeerkrankungen verringert und die Mortalität senkt (Klare 2008). Es hat sich gezeigt, dass gut eingestellte Diabetiker bis zu 90 % weniger Betreuungskosten[5] verursachen als Patienten mit ei-

---

[5] Die Betreuungskosten eines Diabetespatienten mit schlecht eingestellter Stoffwechsellage liegen bei ca. 7.500 – 10.000 € pro Jahr (VDI/VDE 2008, S. 36).

nem dauerhaft zu hohen Blutzuckerwert, die häufiger stationär behandelt werden müssen. Hier setzen die Konzepte im Bereich des Telemonitoring an: Telemonitoring in der Diabetologie basiert auf einer regelmäßigen Erfassung von spezifischen gesundheitsbezogenen Parametern. Die optimalerweise zu jeder Zeit und an jedem Ort erhebbaren Parameter generieren die Datenbasis für individuelle Therapieempfehlungen sowie deren Anwendungs- und Erfolgsüberwachung (vgl. Verband der Elektrotechnik Elektronik Informationstechnik e. V. (VDI/VDE) 2008, S. 4).

Der Prävention von *Zahnkrankheiten* ist die in den letzten Jahrzehnten insgesamt gestiegene Zahngesundheit der Deutschen zu verdanken. Präventive Maßnahmen der Gruppen- und Individualprophylaxe setzen bereits im Kindesalter an und sind vom Gesetzgeber verordnet. Nach § 21 SGB V besteht der gesetzliche Auftrag, flächendeckend Maßnahmen zur Verbesserung der Mundgesundheit und zur Verhütung von Zahn-, Mund- und Kieferkrankheiten bei Kindern bis zwölf Jahren durchzuführen (Gruppenprophylaxe). Seit 1999 sind zahnärztliche Früherkennungsuntersuchungen (§ 26 Abs. 1 SGB V) für Kinder bis zur Vollendung des 6. Lebensjahres durchzuführen. Im Alter von 6 bis 18 Jahren haben Kinder zweimal jährlich Anspruch auf eine individuelle Kariesprophylaxe (§ 22 Abs. 1 SGB V). Die Teilnehmerzahl der in diesem Sinne Individualprophylaxeberechtigten ist in den alten Bundesländern zwischen 1991 und 2003 um 356 % angestiegen.[6] Der Anteil der teilnehmenden Berechtigten ist in den neuen Bundesländern noch etwas höher.

U. a. wird diesen Vorsorgemaßnahmen zugeschrieben, dass in den vergangenen Jahrzehnten der mittlere Kariesbefall, international erhoben als DMF-T Index (Decayed/Missing/Filled-Teeth), bei deutschen Zwölfjährigen stetig bis auf den Wert 0,8 abgesunken ist. Damit liegt Deutschland neben Österreich und Dänemark auf europäischer Spitzenposition.[7] Derzeit wird der DMF-T Index auch bei Fünfzehnjährigen erhoben, die stärker Karies gefährdet sind als die Zwölfjährigen. Erste Ergebnisse zeigen auch hier ein Sinken des DMF-T Indizes von 2,05 im Jahr 2004 auf 1,41 in 2009 (Deutsche Arbeitsgemeinschaft für Jugendzahnpflege e. V. (DAJ) 2010).

Ebenfalls ein Resultat der Entwicklungen im Bereich der Prävention und der Therapie von Zahnkrankheiten bei Erwachsenen und Senioren zeigt sich darin, dass sowohl bei Erwachsenen als auch bei den Senioren der Anteil ge-

---

[6] Eigene Berechnungen auf Basis vom Statistischen Bundesamt 2011e.
[7] RKI Mundgesundheit.

sunder Zähne zwischen 1997 und 2005 deutlich angestiegen ist (12,6 % bzw. 35 %), und dass vor allem bei Senioren heutzutage stärker mit Zahnfüllungen und weniger mit Extraktionen behandelt wird. Ein negativer Effekt dieser positiven Entwicklung ist jedoch der statistisch höhere durchschnittliche Kariesbefall (aller vorhandenen Zähne) sowohl bei Erwachsenen als auch bei Senioren.

Muskel-Skelett-Erkrankungen: In der Endoprothetik (Einsatz künstlicher Gelenke) hat es in den letzten Jahren deutliche Fortschritte gegeben – sowohl auf Seiten der Hersteller als auch auf Seiten der Operateure im Krankenhaus. Das Design der Prothesen, ihre Verankerung im Knochen, die Weiterentwicklung der Materialien und die Implantationstechnik haben sich gravierend verändert. Beispiele hierfür sind:

- Anatomisch adaptierte Prothesenschäfte,
- Kurzschaftprothesen und Oberflächenersatz,
- Einführung neuer Gleitpaarungen (Keramik/Polyethylen, Keramik/Keramik) und
- Minimal-invasive und computerassistierte Implantationstechnik (Fuhrmann 2009).

Zusammen mit schonenderen Anästhesieverfahren führt dies dazu, dass immer mehr Patienten (Ältere, Risikopatienten mit Komorbiditäten etc.) von den Möglichkeiten des Gelenkersatzes profitieren können. In der Tat hat sich die Zahl der Operationen mit endoprothetischem Gelenk- und Knochenersatz (OPS-Code 5-82) in den letzten Jahren deutlich erhöht: So lag der Zuwachs bei Hüft-TEP im Zeitraum 2002 bis 2008 bei 22,6 %, beim Kniegelenkersatz lag die Fallzahl im Vergleich zu 2008 sogar 61 % höher. Im Jahr 2008 wurden in Deutschland rund 210.000 Hüft-TEP (1989 waren es 65.000) und 155.000 Knie-Endoprothesen eingesetzt. Die an den BVMed meldenden Medizintechnik-Unternehmen, die über 90 % der Umsätze in Deutschland repräsentieren, konnten im Zeitraum 2006 bis 2010 (jeweils Vergleich der ersten Halbjahre) folgende Umsatzentwicklungen verbuchen (vgl. BVMed 2010):

- bei Kniegelenkimplantaten ein Zuwachs von 6 % insgesamt bzw. 1,5 % jährlich
- bei Hüftgelenkimplantaten ein Zuwachs von 8 % insgesamt bzw. 2 % im Jahr

Unklar ist jedoch, welchen Einflussfaktoren diese Entwicklung in welchem Maße letztlich geschuldet ist: Neben der Alterung und dem technischen Fortschritt spielt auch die angebotsinduzierte Nachfragesteigerung eine Rolle.

Mit Einführung der diagnosebezogenen Fallpauschalen im stationären Bereich ergeben sich für die Leistungserbringer neben der Effizienzverbesserung auch Anreize zur Mengenausweitung. Eine detaillierte Betrachtung der Fallzahlentwicklung von Knie- und Hüftgelenkseingriffen seit Einführung der G-DRG konnte allerdings »kein(en) Hinweis auf einen ›systematischen‹ Fehlanreiz durch das G-DRG-System« finden, »der hier zu einem relevanten Anteil an ökonomisch-determinierten Fallzahlausweitungen geführt hätte.« (Franz, Roeder 2012).

Entscheidender Treiber dieser Entwicklung ist neben der steigenden Altersstruktur der Bevölkerung der technische Fortschritt.

Zu den Diagnosen, die häufig mit Gelenkersatz-Operationen verbunden sind, gehören die Arthrosen (M 15 – 19 nach ICD-10). Aus Erhebungen geht hervor, dass sowohl für die Arthrosen des Hüft- als auch des Kniegelenks die Krankenhausverweildauern deutlich zurückgegangen sind (von 14,5 Tagen je Fall im Jahr 2003 auf 11,1 Tage 2010 (-23,5 %)). Eine Verlagerung in den Bereich Rehabilitation hat nicht stattgefunden, da auch dort die Aufenthaltsdauer leicht rückläufig war – sie sank von 22,1 Tagen je Fall im Jahr 2003 auf 21 Tage 2010 (-5 %) (Statistisches Bundesamt 2011e).

Innovationen Rückenschmerzen: Am auffälligsten ist der fast 40%ige Rückgang der krankheitsbedingten Fehltage bei den Rückenschmerzen, der mit rund 8,7 Mio. Arbeitsunfähigkeitstagen in 2008 gegenüber dem Wert 2002 weniger zu Buche schlägt. Das entspricht einem Rückgang der aufgrund von Rückenschmerz verlorenen Erwerbstätigkeitsjahre im selben Zeitraum von 181.000 Jahren (2002) auf 104.000 Jahre (2008) (Statistisches Bundesamt 2012c). Diese Entwicklung ist ein Ergebnis sowohl der medizinischen Fortschritte in der Krankheitsbehandlung als auch des vermehrten Einsatzes technischer Hilfsmittel und ergonomischen Mobiliars in den Unternehmen sowie vielfältiger Schulungs- und Trainingsmaßnahmen zur Verhaltensprävention im Rahmen des betrieblichen Gesundheitsmanagements. Rund 75 % aller Interventionen im Bereich der betrieblichen Gesundheitsförderung richten sich auf die Reduktion körperlicher Belastungen (GKV-Spitzenverband 2009).

Verletzungen: In der Unfallmedizin gab es in den letzten Jahren zahlreiche medizinisch-technische Fortschritte – in der Behandlung von Blutgerinnungsstörungen, im Bereich der Nahttechniken (z. B. mikrochirurgische Nervennahttechnik) oder im Bereich Tissue Engineering und regenerative Medizin sowie in der Prothetik.

Zwischenfazit: Wie die beispielhafte krankheitsgruppenbezogene Auflis-

Tabelle 6.5: Früherkennungsmaßnahmen, Inzidenz und Mortalität nach Krebsarten

	Einführung u. Teilnahme Früherkennung	Inzidenz	Mortalität
Darmkrebs	Seit 2008, 58% bei Koloskopien (Darmspiegelung, Personen ab 55 Jahren), 60 % Frauen ab dem 65. Lebensjahr, 65 % Männer ab dem 65. Lebensjahr	Neuerkrankungen: Frauen: 30.000 p.a.; Männer: 5.000 p.a.	Sterbefälle zwischen 1999 und 2008 um -20 % gesunken
Prostatakrebs	67 % der 45- bis 69-jährigen Männer (2004)	63.400 Männer (2008, steigend); Neuerkrankungen (altersstandardisiert): steigt um +25 % von 1999 bis 2008	Sterbefälle seit 2003 leicht rückläufig
Gebärmutterhalskrebs	Seit den 1970er Jahren, 70 %-80 % Frauen über 50 Jahre; 60 % Frauen unter 65 Jahre	Nach deutlichem Rückgang seit 2003 stabil	Nach deutlichem Rückgang seit 2003 stabil
Brustkrebs	Zwischen 1995 und 2008 Einführung Mammographie-Screening mit Einladungsverfahren, 50 %-55 % Teilnehmerrate	+16 % (50-59 Jahre) +31 % (60-69 Jahre)	
Hautkrebs	Seit 2008, 33 % der Erwachsenen		

Quelle: Eigene Zusammenstellung, Daten RKI 2012.

tung zeigt, wandelt sich das Versorgungsspektrum im Zeitverlauf recht unterschiedlich. Um die Veränderungen der Inputfaktoren, vor allem in den Produktionsbereichen stationäre und nicht-stationäre Dienstleistungen besser erklären zu können, bedarf es weiterer und vor allem tiefergehender Analysen (z. B. getrennt nach Akutbehandlung, Rehabilitation und Pflege sowie innerhalb der Krankheitsgruppen nach einzelnen Krankheitsbildern). Darüber hinaus ist die Entwicklung der Behandlungsergebnisse (Outcome) im Zeitverlauf zu berücksichtigen und gegenüberzustellen.

Krankheitsbezogene Innovationsförderung

Seit 1999 bereits fördert das BMBF sogenannte Kompetenznetze in der

Medizin, die sich explizit an Krankheitsbildern orientieren: »Forschung ist dann besonders erfolgreich, wenn sie über die gesamte Wertschöpfungskette hinweg vernetzt ist. Für die Gesundheitsforschung bedeutet das: Die besten Wissenschaftler, die sich mit einem bestimmten Krankheitsbild befassen, müssen zusammenarbeiten – von der Grundlagenforschung bis zur patienten-orientierten Forschung. Um den schnellen Transfer von wissenschaftlichen Erkenntnissen in die medizinische Versorgung zu ermöglichen, müssen dar-über hinaus auch die entsprechend spezialisierten Ärzte aus dem stationären wie dem ambulanten Bereich sowie Patienten einbezogen werden. Denn nur so können die Patienten frühzeitig von den Erkenntnissen der Forschung profitieren. Fragestellungen, die sich aus der medizinischen Versorgung er-geben, gelangen auf diesem Weg schnellstmöglich zur Beantwortung zurück in die Wissenschaft.«

Die mittlerweile 21 Kompetenznetze verteilen sich wie folgt auf die Krank-heitsgruppen:

- Neuro-psychiatrische Erkrankungen – 6 Kompetenznetze
- Chronisch-Entzündliche Erkrankungen – 2 Kompetenznetze
- Krebserkrankungen – 3 Kompetenznetze
- Infektionserkrankungen – 4 Kompetenznetze
- Herz-Kreislauf- und Lungenerkrankungen – 4 Kompetenznetze
- Stoffwechselerkrankungen – 2 Kompetenznetze.

Das Fazit der Bundesregierung nach 10 Jahren Aufbau und Förderung der Kompetenznetze in der Medizin ist positiv – insbesondere die vertikale und horizontale Vernetzung von Forschungsinfrastrukturen und der Transfer in die Versorgungsforschung habe dazu geführt, dass »... Defizite und Verzö-gerungen im Ergebnistransfer in die Versorgungspraxis und die Wirtschaft spürbar abgebaut worden (sind) .« (BMBF 2009, S. 2).

Ein solcher krankheitsbezogener, ganzheitlicher Ansatz sollte künftig stär-ker auch in der Gesundheitsversorgung Berücksichtigung finden.

7 Auswirkungen von Produktivitätssteigerungen

Productivity growth in the economy means we can afford more of everything.

William J. Baumol 1993

Insofern der technische Fortschritt zusätzliche Einkommen generiert, stehen diese für die Verteilung zur Verfügung. Wie viel davon für Lohnerhöhungen verwendet werden kann, diskutieren die Tarifparteien. Aufgrund der Koppelung der Sozialversicherungsbeiträge an die Löhne sind diese Verteilungsentscheidungen unmittelbar sozialversicherungsrelevant.

Da im Mittelpunkt der Input-Output-Tabelle des Gesundheitssatellitenkontos die güterwirtschaftliche Verflechtung der Gesundheitswirtschaft und der Gesundheitswirtschaft mit der Gesamtwirtschaft steht, erfordert die Analyse von Finanzierungsfragen auch die Abbildung der Einkommensströme zwischen der generierten Bruttowertschöpfung einerseits und den Finanzierungsträgern von Gesundheitsleistungen andererseits.

Wie kommen die Mittel in das Gesundheitssystem? Diese Fragestellung der äußeren Finanzierung erfordert eine vollständige Beschreibung der Einkommensströme zwischen den Unternehmen, dem Staat einschließlich der Sozialversicherung, den Haushalten und dem Ausland. Die Volkswirtschaftlichen Gesamtrechnungen stellen dafür das Instrumentarium der Sektorkonten zur Verfügung. Da eine solche Darstellung über den Gegenstand dieser Studie hinausgeht, werden ausgehend von der bestehenden Finanzierungsrechnung in den Gesundheitsausgabenrechnungen erste Ergebnisse präsentiert und erste Erweiterungen vorgenommen.

Es stellt sich allerdings nicht nur die Frage, wie wirkt der medizinisch-technische Fortschritt auf die Finanzierung von Gesundheits- und Einkommensleistungen im Krankheitsfall sowie bei Erwerbsunfähigkeit, sondern auch, wie wird der medizinisch-technische Fortschritt finanziert? Beispielsweise, welche Rolle kommt der Forschungsförderung in der Finanzierung des technischen Fortschritts zu? Im folgenden Kapitel werden Ergebnisse zu einer erweiterten Finanzierungsrechnung präsentiert, sodann folgen Berechnungen zur Entlastung der Kranken- und Rentenversicherung sowie zu Arbeitsmarkteffekten durch den medizinisch-technischen Fortschritt.

7.1 Outcomeeffekte

Die Leistungen der Gesundheitswirtschaft zielen auf die Prävention und Behandlung von Krankheiten bzw. auf die Erhaltung und Wiederherstellung der Gesundheit. Veränderungen der Behandlungsergebnisse (des Outputs) – Verbesserung der Lebensqualität und der Leistungsfähigkeit der Bevölkerung – lassen sich jedoch nur schwer direkt messen und bewerten.[1] Je nach Erkrankung spielen unterschiedliche Parameter zur Beurteilung der Outcomeeffekte eine Rolle: das Spektrum reicht von einer Erhöhung der Überlebensrate über Perioden der Schmerzfreiheit, Verbesserung des Mobilitätsgrades oder der Sehfähigkeit bis hin zur frühzeitigen Rückkehr in den Arbeitsprozess.

Anstelle direkter Effekte lassen sich jedoch die Folgen verbesserter Gesundheit aus Sicht der Volkswirtschaft anhand einiger für die Beschreibung des Humankapitals relevanter Größen ermitteln. Im Zusammenhang mit Erkrankungen treten Verluste von Ressourcen in Form einer geringeren Wertschöpfung als Folge von Morbidität (Arbeitsunfähigkeit, Invalidität) und vorzeitiger Mortalität sowie Verluste an Lebensqualität auf. Besonders relevant aus volkswirtschaftlicher Sicht ist zum einen der Verlust an Arbeitskraft von Erwerbstätigen, aber auch eine verminderte Funktionserfüllung Nichterwerbstätiger. Das Statistische Bundesamt ermittelt diese Verluste nach einzelnen Krankheiten gemessen in verlorenen Erwerbstätigkeitsjahren durch Arbeitsunfähigkeit und Invalidität für Personen im Alter von 15 – 64 (Erwerbsfähigkeitsalter) sowie durch vorzeitige Sterblichkeit (Tod unter 65 Jahren).

Bevor diese Entwicklungen im Einzelnen dargestellt werden, wird auf die Entwicklung der allgemeinen Sterblichkeit eingegangen. Diese ist Ausdruck verschiedenster Einflussgrößen, wie Lebens- und Ernährungsgewohnheiten, Arbeitsbedingungen, demografische Entwicklung und Bildungsstand sowie Gesundheitsversorgung.

Lebenserwartung und Sterblichkeit

Insgesamt hat sich die Lebenserwartung bei Geburt im Zeitraum 2002 bis 2010 um nahezu 2 Jahre erhöht. Bei Männern war der Zuwachs sogar 2,2

---

[1]　Für gesundheitsökonomische Analysen wird das Konzept der Quality Adjusted Life Years (QALY) verwendet, das Lebensjahre in Relation zur Gesundheit bewertet. Allerdings liegt die Schwierigkeit in der monetären Bewertung von Lebensqualität. Dazu gibt es bis dato keinen Konsens.

Jahre, bei Frauen allerdings »nur« 1,7 Jahre, wobei zu berücksichtigen ist, dass die Lebenserwartung von Frauen rund Jahr über derjenigen der Männer liegt.

Dieser Zuwachs an Lebensjahren zeigt sich auch, wenn man die fortge-schrittene Alterung berücksichtigt. Es ergibt sich altersstandardisiert ein Rückgang der Sterbefälle pro 100.000 Einwohner von 13 % bzw. jährlich durchschnittlich -1,5 %. Wie aus Tabelle 7.1 zu entnehmen ist, sieht die Entwicklung für die einzelnen Krankheitsgruppen sehr unterschiedlich aus: Der Zunahme bei den psychischen Erkrankungen von jährlich 5,0 % steht ein Rückgang bei den Herz-Kreislauf-Erkrankungen von jährlich 3,6 % ge-genüber (jeweils altersstandardisiert).

Eine rückläufige Sterblichkeit weisen auch die Krankheitsgruppen Neu-bildungen, Verdauungs- und Stoffwechselerkrankungen sowie Verletzungen auf. Deutlich steigend mit jährlich 3 % ist die Sterblichkeit aufgrund von Muskel-Skelett- und Urogenitalerkrankungen.

Vorzeitige Sterblichkeit

Die vorzeitige Sterblichkeit weist die Sterblichkeitsverhältnisse der unter 65-jährigen Bevölkerung aus. Diese Todesfälle gelten als vorzeitig, weil sie in vielen Fällen durch bessere Vorsorge und Behandlung vermeidbar wären. Das heißt im Umkehrschluss: Eine Verringerung der vorzeitigen Sterblichkeit steht in einem engen Zusammenhang mit der Leistungsfähigkeit des Gesund-heitssystems. Sie kann deshalb als Indikator für Outcomeverbesserungen in-folge neuer und weiter entwickelter Diagnose- und Therapieverfahren dienen (vgl. auch die Diskussion beispielsweise bei Nolte et al. 2002 zum Einfluss der Gesundheitsversorgung auf die Sterblichkeit/Lebenserwartung).

Die Zahl der vorzeitigen Todesfälle verringerte sich im Zeitraum 2002 bis 2010 um 25.545 Fälle (16 %) bzw. sank um jährlich 2,1 %. Der weitaus größte Rückgang lässt sich für die Kreislaufkrankheiten verzeichnen – mit über 10.000 Gestorbenen weniger bzw. einem Rückgang von 3,9 %. Aber auch bei den Neubildungen ist die Entwicklung mit einem Rückgang von knapp 8.300 bzw. jährlich 1,8 % sehr positiv. Die vorzeitige Sterblichkeit ist insgesamt für folgende Krankheitsgruppen rückläufig: Neubildungen, Herz-Kreislauf-Erkrankungen, Verletzungen und Krankheiten des Verdauungssystems.

Eine Zunahme der vorzeitigen Sterblichkeit erfolgte im untersuchten Zeit-raum nur in wenigen Krankheitsgruppen. Lässt man die Gruppe Sonstige Erkrankungen außen vor, entfällt der größte nominale Zuwachs mit jährlich 3,1 % bei den vorzeitigen Sterbefällen auf die Muskel-Skelett-Erkrankungen.

Tabelle 7.1: Entwicklung unterschiedlicher Outcome-Indikatoren nach Krankheitsgruppen, 2002 und 2010

Krankheitsgruppen nach ICD-10	Sterbe-fälle	Vorzeitig Gestorbene in 1.000	Vorzeitige Sterblichkeit in 1.000 Jahren	Verlorene Erwerbs-tätigkeits-jahre*
2002				
Neubildungen, Bluterkr. (C, D)	232	61	574	504
Psych. Erkrankungen (F, G)	27	8	127	778
Herz-Kreislauf-Erkrankungen (I)	386	39	366	428
Stoffwechsel-, Verdauungs- u. Urogenitalerkrank. (E, K, N)	83	18	209	345
Muskel-Skelett-Erkrankungen (M)	2	0,3	3	621
Verletzungen (S, T)	39	19	463	1.117
Sonstige Krankheiten	129	15	213	711
Insgesamt	859	161	1.955	4.504
2010 (2008)				
Neubildungen, Bluterkr. (C, D)	212	52	508	536
Psych. Erkrankungen (F, G)	40	8	119	935
Herz-Kreislauf-Erkrankungen (I)	287	28	280	382
Stoffwechsel-, Verdauungs- u. Urogenitalerkrank. (E, K, N)	79	15	171	314
Muskel-Skelett-Erkrankungen (M)	3	0,4	5	506
Verletzungen (S, T)	34	14	312	834
Sonstige Krankheiten	91	16	204	720
Insgesamt	746	135	1.599	4.227
Jährl. Veränderung (%)				
Neubildungen, Bluterkr. (C, D)	-1,1	-1,8	-1,5	1,0
Psych. Erkrankungen (F, G)	5,0	0,1	-0,8	3,1
Herz-Kreislauf-Erkrankungen (I)	-3,6	-3,9	-3,3	-1,9
Stoffwechsel-, Verdauungs- u. Urogenitalerkrank. (E, K, N)	-0,6	-2,0	-2,5	-1,6
Muskel-Skelett-Erkrankungen (M)	5,2	3,1	5,8	-3,4
Verletzungen (S, T)	-1,7	-3,6	-4,8	-4,8
Sonstige Krankheiten	-4,3	0,6	-0,6	0,2
Insgesamt	-1,7	-2,1	-2,5	-1,1

*2008
Quelle: Eigene Berechnungen nach GBE.

Ein zweiter Indikator für die vorzeitige Sterblichkeit ist der Indikator verlorene Lebensjahre unter 65 bzw. 70 Jahren. Dieser summiert die Anzahl der Sterbefälle gewichtet mit den Lebensjahren, die jeweils bis zum Alter von 65 Jahren verblieben wären (siehe Tabelle 7.1). Mit jährlich 2,5 % sinkt die Zahl der verlorenen Lebensjahre (alle Krankheitsgruppen) stärker als die Zahl der Gestorbenen (-2,1 %). Das lässt darauf schließen, dass mehr Todesfälle jüngerer Kohorten im Zeitverlauf verhindert werden können. Im Vergleich zu den Werten der vorzeitig Gestorbenen zeigt sich vor allem, dass die Gruppe der Verletzungen usw. an die erste Stelle rückt – hier war im Beobachtungszeitraum ein Rückgang von fast einem Drittel zu verzeichnen. Dies könnte sowohl auf eine verringerte Zahl von Verletzungen als auch auf eine verbesserte Überlebensrate infolge medizinisch-technischen Fortschritts zurückzuführen sein. Die weitere Reihenfolge der Krankheitsgruppen zeigt kaum größere Unterschiede.

Auch bezüglich der verlorenen Lebensjahre stehen hinsichtlich der größten nominalen Zuwächse die Krankheitsgruppen mit ungeklärten Ursachen (plus 7 %) und die Stoffwechselerkrankungen (plus 14 %) an erster Stelle.

Verlorene Erwerbstätigkeitsjahre

Zur Ermittlung des volkswirtschaftlichen Ressourcenverlustes infolge von Krankheit und vorzeitigem Tod sind neben den verlorenen Lebensjahren aufgrund vorzeitiger Sterblichkeit auch die hinsichtlich von Krankheit und Invalidität verlorenen Erwerbstätigkeitsjahre einzubeziehen. Verlorene Erwerbstätigkeitsjahre entstehen, wenn Beschäftigte entweder krankheitsbedingt fehlen oder infolge von Invalidität oder Tod vorzeitig aus dem Erwerbsleben ausscheiden.

Nach Berechnungen des Statistischen Bundesamtes fielen im Jahr 2008 insgesamt ca. 4,23 Mio. verlorene Erwerbstätigkeitsjahre durch Arbeitsunfähigkeit, Invalidität oder vorzeitigen Tod an (siehe Tabelle 7.1). Die einzelnen Krankheitsgruppen tragen in unterschiedlichem Maße zu den sog. indirekten Krankheitskosten und deren zeitlicher Entwicklung bei: Während 2002 die Gruppe der Verletzungen mit den höchsten Verlusten in Bezug auf Erwerbstätigkeit einherging, waren es 2008 die psychischen Erkrankungen. Die Gruppe der Krebserkrankungen, die 2002 noch an vierter Stelle stand, rückte 2008 auf den dritten Rang vor. Die psychischen Erkrankungen und die Neubildungen sind, die sonstigen Erkrankungen außen vor lassend, die einzigen beiden Gruppen mit einer Zunahme der indirekten Krankheitskosten.

Infobox 10: Verlorene Erwerbstätigkeitsjahre

Die Ermittlung der *verlorenen Erwerbstätigkeitsjahre* erfolgt über einen unterstellten Restlebenszeitraum und die beobachteten Erwerbstätigkeitsquoten im Jahr 1994 differenzierten nach Alter und Geschlecht. Der Berechnung der Restlebenserwartung liegt dabei die abgekürzte Sterbetafel 1993/95 zugrunde. Hiernach beträgt zum Beispiel die Lebenserwartung bei neugeborenen Mädchen 77,23 Jahre und bei neugeborenen Jungen 70,77 Jahre. Die abgekürzte Sterbetafel ist auch Ausgangspunkt für die Berechnung der verlorenen Lebensjahre. Zur Bestimmung der verlorenen Lebensjahre wird jeder Todesfall nach Alter und Geschlecht mit der entsprechenden Restlebenszeit multipliziert. Auf Grund dieser Vorgehensweise bleiben zukünftige Veränderungen in den Sterblichkeitsverhältnissen sowie in Struktur und Umfang der Erwerbstätigkeit unberücksichtigt.

Zwischen den einzelnen Ausfallarten Arbeitsunfähigkeit, Invalidität und Mortalität zeigt sich eine unterschiedliche Entwicklung: So sinken die verlorenen Erwerbstätigkeitsjahre infolge von Arbeitsunfähigkeit und Mortalität im Zeitraum 2002 bis 2008 mit einer jährlichen Rate von 1,4 % bzw. 1,3 %, der Rückgang bei Invalidität liegt allerdings nur bei 0,6 % p. a. Noch deutlichere Unterschiede ergeben sich bei Betrachtung der einzelnen Krankheitsgruppen (siehe Abbildung 7.1).

Die Betrachtung der Entwicklung der Arbeitsunfähigkeit nach Wirtschaftszweigen zeigt folgendes Bild (Abbildung 7.1): Die AU-Fälle (je 100 Versicherte) nahmen im Durchschnitt aller Branchen im Zeitraum 2002 bis 2006 zunächst ab und steigen seitdem wieder an. Über den gesamten Zeitraum betrachtet blieb die Zahl mit 115 Fällen je 100 Versicherte nahezu unverändert. Für die einzelnen Branchen zeigt sich in diesem Zeitraum, dass die Fallzahl in der Land- und Forstwirtschaft, dem Baugewerbe und dem Handel rückläufig war, in den Bereichen Finanzierung/Vermietung und Dienstleistungen stabil blieb und lediglich das Produzierende Gewerbe einen Zuwachs in Höhe von 2,6 % zu verzeichnen hatte.

Bei der Bewertung des Beitrags der Gesundheitswirtschaft zur Verbesserung der Gesundheit und damit zur Verringerung der volkswirtschaftlichen Kosten verlorener Erwerbstätigkeit gilt es zu berücksichtigen, dass die Tätigkeit im Gesundheitswesen jedoch auch mit gesundheitlichen Risiken verbunden ist, d. h. die Gesundheitswirtschaft selbst »produziert« auch Krankheitstage und Invalidität. Laut DAK-Gesundheitsreport 2013 lag das Gesundheitswesen, wo traditionell viele Beschäftigte bei der DAK versichert sind, im Jahr 2012 im Vergleich der Wirtschaftszweige zusammen mit der »Öffentlichen Verwaltung« an der Spitze bezüglich des Krankenstandes: Dieser lag durchschnittlich bei 4,4 %, im DAK-Durchschnitt waren es nur 3,8 % (DAK 2013).

Wie aus einem Bericht der Bundesanstalt für Arbeitsschutz und Arbeitsmedizin 2003 (BAuA 2003) hervorgeht, liegen die Risiken für Berufskrankheiten in den Pflegeberufen (Kranken- und Altenpflege) insbesondere in den Bereichen:

- Infektionskrankheiten,
- Hauterkrankungen und
- Erkrankungen der Lendenwirbelsäule durch Heben und Tragen (BAuA 2003, S. 46).

Das Arbeitsunfähigkeitsgeschehen in der Krankenpflege stellt sich in Bezug auf die Diagnosegruppen im Jahr 2003 wie folgt dar: Die meisten AU-Fälle je 100 Versicherte sind den Krankheiten des Atmungssystems zuzuordnen, gefolgt von den Muskel-Skelett-Erkrankungen und den Krankheiten des Verdauungssystems (siehe Abbildung 7.2) (BAuA 2003, S. 48).

Die meisten AU-Tage entfielen jedoch auf die Gruppe der Muskel-Skelett-Erkrankungen (2,24 Mio. Tage), gefolgt von den Krankheiten des Atmungssystems (1,34 Mio. Tage) und den psychischen Erkrankungen (1,02 Mio. Tage). Auf letztere entfiel 2003 mit 11,2 % aller Krankheitstage ein deutlich höherer Anteil am Krankheitsgeschehen als gemessen an der Zahl der AU-Fälle der Berufsgruppe – mit 38.838 Fällen entfielen nur 5,1 % aller AU-Fälle auf die psychischen und Verhaltensstörungen. Diese Diskrepanz erklärt sich mit der überdurchschnittlich langen Krankschreibung in dieser Diagnosegruppe von 26,4 Tagen je Fall. Das unterstreicht auch für Pflegekräfte die Bedeutung psychischer Erkrankungen, die u. a. auf »stark belastende Arbeitsbedingungen« zurückzuführen sind, insbesondere hoher Zeitdruck (DAK 2013, S. 113).

Qualitätsbereinigte Lebensjahre

Die Nutzung des QALY-Ansatzes auf volkswirtschaftlicher, aggregierter Ebene zur Unterstützung der Ressourcenallokation, wie sie beispielsweise in UK durch das NICE Institut erfolgt, ist darüber hinaus aus ethischer Sicht zu hinterfragen: Da die Entscheidungsfindung auch die Häufigkeit einer Erkrankung in der Bevölkerung (Prävalenz) berücksichtigen muss, werden seltene Erkrankungen tendenziell benachteiligt (hier entfallen auf im Einzelfall gleich hohe Therapiekosten weniger gewonnene QALYs). Diese und weitere methodische Aspekte haben letztlich das IQWiG bewogen, bei der

Abbildung 7.1: Verlorene Erwerbstätigkeitsjahre nach Ausfallart und Krankheit (Wachstum in %), 2002 – 2008

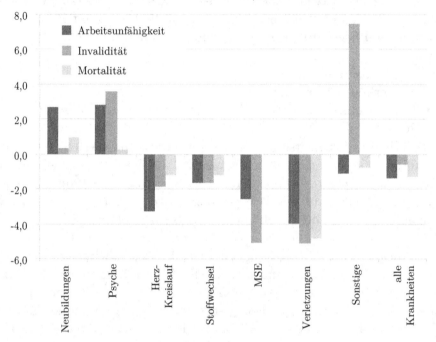

Quelle: Eigene Darstellung, Daten Statistisches Bundesamt 2010.

Abbildung 7.2: Arbeitsunfähigkeit in der Krankenpflege nach Diagnosen, 2003

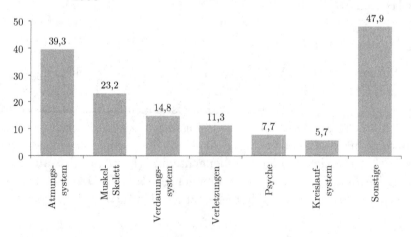

Quelle: Eigene Darstellung, Daten BAuA 2003.

Einführung der Kosten-Nutzen-Bewertung nicht auf das QALY-Konzept zurückzugreifen (Koch, Gerber 2010, S. 43).

Infobox 11: Qualitätsbereinigte Lebensjahre – QALYs

Für gesundheitsökonomische Analysen wird international das Konzept der Quality Adjusted Life Years (QALY) verwendet, das Lebensjahre in Relation zur gesundheitsbezogenen Lebensqualität bewertet. Es wurde von Weinstein und Stason 1977 entwickelt. Der QALY-Ansatz fußt auf der Tatsache, dass medizinische Eingriffe und Therapien zwei Dimensionen beeinflussen: die (Über-)Lebenszeit und die erwartete Lebensqualität. Ein qualitätsadjustiertes Lebensjahr (QALY) enthält beide Komponenten und errechnet sich als Produkt aus (zusätzlicher) Lebenserwartung und einem Maß für die Qualität der restlichen Lebensjahre. Damit ermöglicht die Maßeinheit QALY den Vergleich unterschiedlicher medizinischer Interventionen und verknüpft mit deren Kosten lassen sich auch ökonomische Vergleiche anstellen.

Der erste Parameter – Lebenserwartung oder auch gewonnene Lebensjahre infolge einer Therapie – wird traditionell als Maß des Gesundheitszustandes herangezogen bzw. lässt sich im Rahmen von Studien relativ gut bestimmen. Methodisch problematisch dagegen ist die Messung der erwarteten Lebensqualität. Sie beruht auf der individuellen Einschätzung von Betroffenen/Befragten und ist damit abhängig von Alter, Lebenssituation und individuellen Präferenzen.

Im Modell geht die Lebensqualität mittels eines Relativgewichtes zwischen 1 (volle Gesundheit) und 0 (Tod) in die Berechnung ein. Prinzipiell kann ein Zustand auch als schlimmer als der Tod eingeschätzt werden, so dass auch negative Werte denkbar sind (Phillips 2009).

Rechenbeispiel: Die durch eine Therapie zusätzlich gewonnenen 10 Lebensjahre werden mit einer Lebensqualität von 0,7 bewertet (z. B. infolge von Einschränkungen in der Mobilität, Schmerzen etc.). Das ergibt einen QALY-Wert von 7. Eine alternative Behandlung würde die Lebenszeit dagegen nur um 8 Jahre verlängern, die dafür jedoch mit höherer Lebensqualität (z. B. 0,9) einhergingen – im Ergebnis wäre die Alternative mit 7,2 QALYs der ersten Variante vorzuziehen.

Zur Ermittlung der Lebensqualität wurden verschiedenste Befragungsinstrumente entwickelt, die von einfachen (5 Fragen mit je drei Antwortmöglichkeiten beim Fragebogen »EQ-5D«) bis hin zu komplexen Fragebögen mit mehreren tausend möglichen Zuständen reichen. Wie in der Fachliteratur ausführlich dargelegt wird,[2] hängt das Ergebnis der Befragung unmittelbar vom eingesetzten Instrument ab. Darüber hinaus hat sich erwiesen, dass sich gesunde Probanden die Alltagsprobleme bei Krankheit kaum vorstellen können, d. h. ihre Bewertung fällt anders aus als die von unmittelbar Betroffenen und eine Ex-ante-Befragung führt zu anderen Ergebnissen als eine Ex-post-Erhebung.

Unabhängig von den methodischen Problemen der Bewertung der erwarteten Lebensqualität müssten zur Messung des gesundheitswirtschaftlichen Outcomes anhand von QALYs erhebliche zusätzliche Datenmengen zur Beschreibung der Lebensqualität generiert werden: Für jeden behandelten Fall müsste zumindest ein Behandlungsergebnis erfasst werden, auf dessen Grundlage dann eine Zuordnung zu einem Lebensqualitätsparameter erfolgen könnte (wobei auch hier mindestens nach Alter und Lebenssituation differenziert werden sollte).

Wachstumseffekte

Das in einer Volkswirtschaft vorhandene und erzeugte Wissen, das im Wesentlichen durch eine entsprechende Ausbildung der Arbeitskräfte entsteht, wird als »Humankapital« bezeichnet. Eine qualitativ gute Ausbildung wird damit wie eine lohnende Investition betrachtet, die später Erträge bringt. Die Bedeutung des Humankapitals für die Wirtschaftsentwicklung ist durch die Arbeiten zur neuen Wachstumstheorie in den 80er Jahren in den Vordergrund des Interesses gerückt (vgl. Acemoglu 2009). Der Humankapitalansatz umreißt dabei nicht nur den Einfluss der Bildung auf das Arbeitsangebot, sondern bezieht auch die Gesundheit der Bevölkerung mit ein, da diese die insgesamt verfügbare Arbeitszeit bestimmt sowie die Produktivität beeinflusst (vgl. Albers 2004).

Dem Faktor Humankapital kommt in der Gesundheitswirtschaft je nach Teilbranche eine unterschiedliche Rolle zu, da die Möglichkeiten der Sachkapitalnutzung, beispielsweise in der Herstellung von Pharmazeutika im Gegensatz zur Pflege oder zur Physiotherapie, sehr verschieden sind. Doch auch in der Gesundheitswirtschaft sind Unternehmen im Wettbewerb und müssen in der Lage sein, schnell und flexibel auf die Anforderungen des Marktes zu reagieren, was entsprechende Mitarbeiter erfordert. Ferner spielt das Humankapital eine zentrale Rolle im Innovationsprozess. Allerdings zieht ein hohes Ausbildungsniveau nicht zwingend eine hohe Beschäftigung in qualifizierten Berufen nach sich und führt damit nicht automatisch zu einer Wachstums- und Einkommensdynamik.

Bereits Schultz (1961) und Mushkin (1962) kamen zu der Überlegung, dass neben der Bildung die Gesundheit ein wichtiger Teil des Humankapitals ist. Hingegen haben die beiden die Gesundheit nicht in ein Wachstumsmodell integriert. Allerdings ist es so, dass je größer der »Gesundheitskapitalstock« ist, desto größer ist auch das Arbeitsangebot, da die Anzahl der Krankheitstage zurück geht und somit mehr Zeit für Produktionsaktivitäten sowie weitere Investitionen in die Gesundheit vorhanden ist (vgl. Albers 2004). Folglich lässt sich ein positiver Zusammenhang zwischen der Gesundheit und dem Wirtschaftswachstum ableiten (van Zon und Muysken 1997, S. 5, van Zon und Muysken 2003, Lopez-Casanovas et al. 2005). Auch Doepke 2007 zeigt einen Mechanismus auf, durch den Humankapital langfristige Wachstumsimpulse auslösen kann, die über die direkten Produktivitätseffekte hinausgehen.

Während die Produktionswerte den monetär bewerteten direkten Ressourcenverbrauch und damit einen Inputfaktor abbilden, stellen die bewerteten Erwerbstätigkeitsverluste einen Outputfaktor dar. Neben äußeren Faktoren wie Lebensstil der Bevölkerung, Umweltqualität, Arbeits- und Wohnverhältnisse, soziale Aspekte, spielt auch die Gesundheitsversorgung eine Rolle, wenn im Zeitverlauf weniger Menschen erkranken bzw. vorzeitig sterben.

7.2 Finanzierungseffekte

Nach den oben dargestellten Berechnungen generierte der medizinisch-technische Fortschritt ein zusätzliches jährliches Wachstum der Bruttoproduktion von durchschnittlich 1 % im Zeitraum 2002 – 2010. Um die Effekte des medizinisch-technischen Fortschritts auf die Verteilung und Umverteilung der Einkommen und der Einnahmen der Sozialversicherungsträger zu beschreiben, ist es zweckmäßig, die Berechnungen zunächst auf die Bruttowertschöpfung zu beziehen, welche entstehungsseitig die Ausgangsgröße für die Berechnung der Einkommen in den Volkswirtschaftlichen Gesamtrechnungen bildet.

Inländische Finanzierung

Die Aufgliederung der Endnachfrage in die Finanzierungsträger auf dem Ersten und Zweiten Markt beruht auf den Strukturen der Gesundheitsausgabenrechnung, die folgende acht inländische Finanzierungsträger der letzten Verwendung unterscheidet:

- Öffentliche Haushalte (F1)
- Gesetzliche Krankenversicherung (F2)
- Soziale Pflegeversicherung (F3)
- Gesetzliche Rentenversicherung (F4)
- Gesetzliche Unfallversicherung (F5)
- Private Krankenversicherung (F6)
- Arbeitgeber (F7)
- Private Haushalte und Organisationen ohne Erwerbscharakter (F8)

Damit werden jedoch nur die Finanzierungsträger der inländischen Nachfrage von Gesundheitsgütern abgedeckt.[3]

In der Finanzierung der Gesundheitsgüter nehmen die acht inländischen Finanzierungsträger unterschiedliche Aufgaben war (vgl. Abbildung 7.3). Die Aufgabenteilung ist weitgehend historisch bedingt, teilweise konkretisiert durch Organisationsprinzipien der Finanzierung.[4] Nur indirekt spielen dabei Produktivitätsaspekte eine Rolle. Aus Sicht der Unternehmen müssen die Finanzierungsströme nach Gesundheitsausgabenrechnung nicht kostendeckend sein. Beispielsweise bleibt die Finanzierung von Investitionen oder Forschung aus Eigenkapital oder Kreditaufnahme der Unternehmen unberücksichtigt. Diese Finanzierungsströme sind in der Finanzierungsrechnung der Gesundheitswirtschaftlichen Gesamtrechnungen zu ergänzen.[5]

Im Weiteren treten in gesamtwirtschaftlicher Sicht neben die inländischen Finanzierungsträger noch diejenigen des Auslands, die im Konto »Ausland« erfasst werden. Hierbei geht es im Wesentlichen um die Finanzierung der Waren- und Dienstleistungsexporte und -importe.

Transferzahlungen als Folge von Krankheiten, Unfall, Invalidität oder Tod wie beispielsweise Krankengeld oder Erwerbsunfähigkeitsrenten sind Teil der sekundären Einkommensverteilung.[6] Nach der Gesundheitsausgabenrechnung stiegen diese Transferzahlungen im Zeitraum 2002 – 2010 um jährlich durchschnittlich 0,2 % von 67,2 auf 68,4 Mrd. €. Dies war deutlich weniger als die Ausgaben für Gesundheitsleistungen, welche durchschnittlich pro Jahr um 3 % anwuchsen.

Bei den Einkommensleistungen im Krankheitsfall fällt der größte Finanzierungsbeitrag auf die Arbeitgeber durch die Entgeltfortzahlung bei Krankheit und Mutterschaft.

Für die Analyse der Transfereffekte und der Ressourcenminderung wird auf Grundlage der Arbeitsunfähigkeitsstatistiken der Krankenkassen, der

---

[3] Die inländische Verwendung von Gesundheitsgütern gibt an, was die Volkswirtschaft insgesamt für diese Güter durch Investitionen, Konsum und Staatsausgaben verwendet.

[4] Genannt werden vor allem das Versicherungs-, das Versorgungs- und das Fürsorgeprinzip.

[5] Vgl. Kapitel 7 und 8 sowie Annex D in OECD, Eurostat, WHO 2011.

[6] Das Statistische Bundesamt erfasst Transferzahlungen zum Ausgleich von Krankheitsfolgen und Einkommensleistungen. Ausfälle, die aus Arbeitsunfähigkeit, Invalidität und vorzeitigem Tod der (potenziell) erwerbstätigen Bevölkerung resultieren, werden ferner im Rahmen der Krankheitskostenrechnung in Form von verlorenen Erwerbstätigkeitsjahren der Bevölkerung im erwerbsfähigen Alter (von 15 bis 64 Jahren) berechnet. Sie stellen somit eine kalkulatorische Kennzahl dar, welche bei jüngeren Alterskohorten größer als bei älteren ist.

Abbildung 7.3: Struktur der inländischen Verwendung des Kernbereichs nach Finanzierungsträgern, 2010

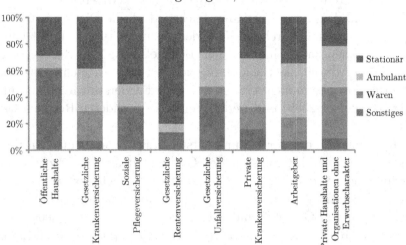

Quelle: Eigene Darstellung nach Gesundheitsausgabenrechnung.

Statistiken der Deutschen Rentenversicherung und der Gesetzlichen Unfallversicherung eine Aufgliederung nach Produktionsbereichen erstellt. Aufgrund der krankheitsbezogenen Berechnung der Ressourcenveränderungen ist damit eine differenzierte Zuordnung von Morbiditäts- und Mortalitätseffekten zu den einzelnen Finanzierungsträgern möglich.

Änderungen anderer Faktoren, z. B. Konjunktur, Veränderungen der institutionellen Rahmenbedingungen oder Änderungen in den Gesundheitsdeterminanten, werden systematisch mit den einzelnen Krankheitsfeldern erläutert (siehe Triangulation).

Ausländische Finanzierung

Die Größenordnung der ausländischen Finanzierung lässt sich am *Außenhandelsüberschuss* ablesen. Der Außenhandelsüberschuss ist ein Indikator für einen inländischen Produktionsvorteil. In der Gesundheitswirtschaft wird dieser im Wesentlichen von den pharmazeutischen und medizin-technischen Gütern bestimmt. In beiden Güterbereichen werden mehr als die Hälfte der produzierten Erzeugnisse exportiert. In diesem Abschnitt wird deshalb die Entwicklung des Außenhandelsüberschusses in den verschiedenen Teilbereichen der Gesundheitswirtschaft in Zusammenhang mit der jeweiligen Produktivitätsentwicklung analysiert.

Bei der Darstellung des Außenhandels in der VGR ergibt sich das spezielle Problem, dass zwar die Waren, nicht jedoch die Dienstleistungen der Gesundheitswirtschaft durch die VGR den gesundheitswirtschaftlichen Produktionsbereichen zugeordnet werden. Beispielsweise sind die Exporte der Krankenhäuser durch die Behandlung von Ausländern nicht ausgewiesen. Die Informationen zum nicht erfassten Teil sind widersprüchlich und unvollständig (Bandemer 2009) und werden teilweise in anderen Rechensystemen erfasst.[7]

Die Konsumausgaben für Gesundheitsleistungen von Deutschen im Ausland sind nach den Ergebnissen der Gesundheitsausgabenrechnung relativ gering und werden vermutlich unterschätzt. Nicht extra erfasst werden in der Gesundheitsausgabenrechnung die Konsumausgaben für Gesundheitsleistungen von Gebietsfremden im Inland. Diese werden jedoch in der Input-Output-Rechnung summarisch als Übergangsposition berücksichtigt, da diese dem Inlandskonzept folgt.[8] Weitergehende Informationen bieten die Rechnungsergebnisse der Deutschen Verbindungsstelle Krankenversicherung - Ausland (DVKA). Im Zeitraum 2002 – 2010 stiegen diese über den GKV Spitzenverband DVKA abgerechnete medizinische Behandlung von Ausländern in Deutschland kontinuierlich von 169,2 auf 511,8 Mio. € an (mit Ausnahme eines Rückgangs 2008). Insgesamt hat sich die Summe verdreifacht, die durchschnittliche jährliche Wachstumsrate lag bei 14,8 %. Die Daten der DVKA bilden jedoch nur einen Teil der tatsächlich im Inland für Ausländer erbrachten Gesundheitsleistungen ab:

- Je nach Art der Versicherung können Ausländer die Leistungen auch privat oder auf der Basis der Kostenerstattung in Anspruch nehmen, d. h. zunächst privat zahlen und dann von der Versicherung erstatten lassen.

- Die Summen enthalten sowohl effektive Kosten als auch pauschalierte Beträge für bestimmte Personengruppen, die auf EU-Ebene verhandelt werden.

- Mit einigen EU-Ländern gibt es »Verzichtsregelungen«. Die beidseitig erbrachten Gesundheitsleistungen sind vergleichbar hoch, so dass auf

---

[7] Zum Tourismussatellitenkonto vgl. u. a. Ahlert 2003.

[8] Das Inlandskonzept bedeutet, dass alle Transaktionen im Inland erfasst werden, unabhängig davon, ob sie von Gebietsansässigen oder Gebietsfremden – z. B. Einpendlern – getätigt werden.

Abbildung 7.4: Außenbeitrag der Gesundheitswirtschaft, 2002 – 2010

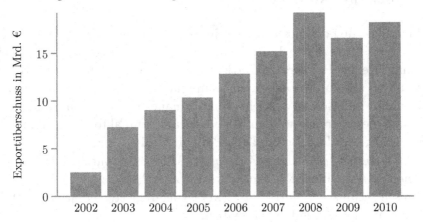

Quelle: Eigene Berechnungen und Darstellung.

eine Abrechnung verzichtet wird. Die DVKA legt die entsprechenden Beträge dann gleichmäßig auf alle gesetzlichen Krankenkassen um.

Darüber hinaus gilt es bei der Interpretation der Daten zu beachten, dass nicht alle im Laufe eines Jahres für Ausländer erbrachten Leistungen auch im selben Jahr zur Abrechnung kommen. Insbesondere bei den EU-Pauschalbeträgen kann es zu Verzögerungen von ein bis zwei Jahren kommen. Für die Berechnung des Außenbeitrags der Gesundheitswirtschaft wurde deshalb hier ausschließlich auf die Außenhandelsstatistik abgestellt. Damit ist eine Analyse von Fragen der »internen Finanzierung« durch die verschiedenen Preissysteme möglich. Für die Analyse des Zusammenhangs zwischen Produktivität und Finanzierung sind beispielsweise auch relevant, welche Rolle der Forschungsförderung in der Finanzierung des technischen Fortschritts zukommt. Im folgenden Kapitel werden Ergebnisse zu einer erweiterten Finanzierungsrechnung präsentiert. Anschließend folgen Berechnungen zur Entlastung durch den medizinisch-technischen Fortschritt.

7.3 Entlastung der Sozialversicherung und Arbeitsmarkteffekte

Die Identifizierung der Kostentreiber in den Gesundheitsausgaben ist seit jeher eine – bis heute nur in Teilen beantwortete – Kernfrage der Gesundheitsökonomie (Henke, Reimers 2006). Beobachtet werden kann seit Jahrzehnten nicht nur ein absoluter, sondern auch ein relativer Anstieg der Gesundheitsausgaben an der Gesamtwertschöpfung in nahezu sämtlichen Staaten. Zur Erklärung dieses Trends werden eine »Vielzahl von Faktoren« genannt (DG ECFIN 2006; Mardorf, Böhm 2009; Pimpertz 2010):

- *Medizinisch-technischer Fortschritt (MTF)*: Innovationen im Gesundheitswesen, zumeist in einer Gesamtbetrachtung zum Faktor medizinisch-technischer Fortschritt (MTF) aggregiert, gelten als zentraler Treiber der Gesundheitsausgaben.

- *Demografie*: Stärker als der medizinisch-technische Fortschritt ist der Einfluss der demografischen Veränderung auf die Sozial- und insbesondere Gesundheitsausgaben umstritten. Vertreter der Morbiditätsthese sehen die Gesundheitsausgaben in Abhängigkeit vom Lebensalter und befürchten einen scharfen Kostenanstieg aufgrund des künftig steigenden Altersquotienten (z. B. Pimpertz 2010). Eine Neutralität des demografischen Wandels soll der Kompressionsthese zufolge bestehen. Dieser liegt die Annahme zugrunde, dass die gesamten Lebens-Pro-Kopf-Gesundheitsausgaben konstant seien und infolge der Alterung lediglich über das Leben hinweg gestreckt würden (siehe Bräuninger et al. 2007). Einen gänzlich anderen Ansatz verfolgen Vertreter der Sterbekostentheorie, der zufolge die Gesundheitskosten nicht abhängig vom Geburtszeitpunkt (bzw. vom bisherigen Lebensalter), sondern vom Sterbezeitpunkt (bzw. der verbleibenden Lebenszeit) sind (vgl. Werblow et al. 2007). Schließlich argumentieren Vertreter der Sisyphusthese, dass eine sich verstärkende Spirale zwischen verlängerter Lebenszeit und erhöhter Nachfrage nach Gesundheitsleistungen besteht (für einen Überblick über alle Thesen vgl. Mardorf, Böhm 2009).

- *Einkommenselastizität*: Als dritter und zentraler Einflussfaktor, insbesondere in den Erweiterten Bereichen der Gesundheitswirtschaft, ist die Einkommenselastizität der Nachfrage nach Gesundheitsleistungen zu nennen. Bei einer Elastizität von mehr als eins führt eine Einkommenserhöhung um 1 % zu einem überproportionalen Anstieg von mehr als 1 % in den Gesundheitsausgaben.

- *Institutionelle Fehlanreize*: Schließlich wird auch der mangelnde Preiswettbewerb im Gesundheitswesen als Treiber der Gesundheitsausgaben genannt, der – zumeist in Wechselwirkung mit den vorgenannten Einflussfaktoren – die Kostenentwicklung im Gesundheitswesen treibt.

Trotz der Vielfältigkeit der genannten Faktoren gilt der *MTF als starker Kostentreiber* noch vor dem umstrittenen Einfluss des demografischen Wandels (Breyer, Ulrich 2000; Mardorf, Böhm 2009; Sauerland, Wübker 2010; Werding 2013). Kartte et al. 2005 prognostizieren, dass der MTF für rund 69 % des Anstiegs der Gesundheitsausgaben zwischen 2003 und 2020 verantwortlich sei.[9] Willemé, Dumont 2013 führen 72 % des Ausgabenanstiegs der deutschen Gesundheitsausgaben von 1980 bis 2009 auf den MTF zurück. Betroffen von den künftigen Kostenentwicklungen und Quelle einer potentiellen »Tragfähigkeitslücke«[10] in den öffentlichen Finanzen sind insbesondere die Systeme der gesetzlichen Kranken- und Rentenversicherung (Werding 2011). Auf der anderen Seite bestehen jedoch zugleich *positive Wirkungen des MTF auf die Einnahmesituation* der Sozialversicherung. So generiert der MTF Wachstum und Wertschöpfung und sorgt damit für eine Verbreiterung der Finanzbasis von GKV und Rentenversicherung (Ranscht, Ostwald 2010). Im Folgenden soll dieser bisweilen vernachlässigte, positive Finanzierungseffekt des MTF für die Einnahmenseite der gesetzlichen Renten- und Krankenversicherung und die Zusammenhänge untersucht werden.

Einnahmeeffekte des medizinisch-technischen Fortschritts

Zur Abschätzung der Wirkungen des MTF auf die *Einnahmenseite der Sozialversicherung* wird im Folgenden eine Simulationsrechnung durchgeführt. Der medizinisch-technische Fortschritt (MTF) gilt als immanenter Bestandteil des Gesundheitswesens, wenngleich seine konkrete Gestalt und Auswirkung umstritten ist (Henke, Reimers 2006). Es bestehen große Schwierigkeiten, den MTF zu quantifizieren oder ihn gar zu prognostizieren. Eine systematische Messung des MTF, die über grobe Approximationen (z. B. Patentanmeldungen im medizintechnischen Bereich) oder anekdotische Beobachtungen hinausgeht, erfolgt im Regelfalle als Residuum des nicht durch

---

[9] Die Autoren prognostizieren ohne wirtschaftspolitische Eingriffe ein Ausgabeanstieg von 2003 bis 2020 von 193 Mrd. €, von denen 133 Mrd. € auf den MTF zurückzuführen seien.

[10] »Als *Tragfähigkeitslücke* wird [...] diejenige Anpassung des primären Finanzierungssaldos gegenüber diesem Referenzpfad bezeichnet, die betragsmäßig (in % des laufenden BIP) konstant, ab sofort und auf Dauer erforderlich ist, damit diese Bedingung erfüllt werden kann.« (Werding 2011).

andere, beobachtbare Faktoren erklärten Ausgabenanstiegs. Eine Möglichkeit hierfür ist die im Rahmen dieser Untersuchung gewählte Messung über die Multifaktorproduktivität. Hierbei soll auf die oben ermittelten Werte für die Multifaktorproduktivität in der Gesundheitswirtschaft zurückgegriffen werden. Diesem Ansatz liegt die Auffassung zugrunde, dass aus gesamtgesellschaftlicher Sicht ein technischer Fortschritt nur dann gegeben ist, »wenn bei gleichem Faktoreinsatz ein besseres Ergebnis (größere Produktionsmenge) oder bei verringertem Faktoreinsatz ein gleiches Ergebnis erzielt wird.« (Häckl 2010). MTF besteht etwa im stationären Sektor dann, wenn bei gleichbleibendem Personal- und Sachkosteneinsatz mehr Fälle behandelt und damit zusätzliche Wertschöpfung generiert werden kann. Dieses Wachstum der spezifischen, sektoralen Multifaktorproduktivität in der Gesundheitswirtschaft wird im Folgenden als direkter MTF-Effekt interpretiert (Henke, Reimers 2006).

Auf Basis der ermittelten Werte der Multifaktorproduktivität wird der tatsächlich beobachteten Produktivitäts- und Produktionswertentwicklung *mit* MTF ein hypothetisches Szenario gegenübergestellt, das die Wachstumsentwicklung der GW und der Gesamtwirtschaft von 2002 bis 2010 *ohne* MTF simuliert. Hierfür wird im hypothetischen Szenario das beobachtete Wachstum der GW um die Multifaktorproduktivität reduziert, während das Wachstum der Nicht-GW mit dem tatsächlich beobachteten Wachstum angenommen wird. Für den medizinisch-technischen Fortschritt werden die Werte der »traditionellen« Multifaktorproduktivität nach Törnquist herangezogen.[11] Diese Produktionswertgewinne aufgrund der Multifaktorproduktivität in der GW stellen den direkten Wertschöpfungseffekt des MTF dar.

Zusätzlich werden in beiden Teilsektoren die aufgrund des MTF gewonnenen Erwerbstätigenjahre berücksichtigt (Systemeffekt der gewonnenen Erwerbstätigkeit). Im hypothetischen Szenario wird angenommen, dass der Faktor Arbeit in der Gesamtwirtschaft weniger stark wächst (vgl. Tabelle 7.2).

Noch keine Berücksichtigung finden in diesem Szenario weitere positive Effekte des MTF (indirekte und induzierte Effekte sowie die erhöhte Arbeitsproduktivität aufgrund eines verbesserten Gesundheitszustandes der Beschäftigten). Die ermittelten Effekte stellen infolge der Berücksichtigung von nur zwei der drei positiven Effekte des MTF nur eine unterste Grenze

---

[11] Damit ist zugleich die Konsistenz des gewählten Vorgehens mit dem Konzept der Wachstumszerlegung gesichert.

dar.

Infobox 12: Ermittlung des Produktionswerts ohne MTF

Zur Ermittlung der Einnahmeeffekte des MTF auf die Sozialversicherung wird das Konzept der Wachstumszerlegung erneut aufgegriffen. Im tatsächlichen Szenario ergibt sich das Wachstum des Produktionswertes als gewichtete Summe des Wachstums der Inputfaktoren zuzüglich des Wachstums der Multifaktorproduktivität A (siehe auch die Darstellungen zum Törnquist-Index sowie EU KLEMS im Anhang):

$$(7.1) \quad \Delta \ln y_{jt} = \nu_{jt}^x \Delta \ln x_{jt} + \nu_{jt}^K \Delta \ln K_{jt} + \nu_{jt}^L \Delta \ln L_{jt} + \Delta \ln A_{jt}^y$$

Im hypothetischen Szenario wird nunmehr für den Sektor GW unterstellt, dass der Wachstumsbestandteil Multifaktorproduktivität in der GW über die Jahre 2003 bis 2010 null beträgt (direkter Produktionseffekt). Außerdem gehen die veränderten Arbeitsstunden in die Wachstumsrechnung ein (Systemeffekt der gewonnenen Erwerbstätigkeit). Das Wachstum des hypothetischen Produktionswertes des Sektors GW stellt sich damit dar als:

$$(7.2) \quad \Delta \ln \widehat{y_{GW,t}} = v_{GW,t}^x \Delta \ln x_{GW,t} + v_{GW,t}^K \Delta \ln K_{GW,t} + v_{GW,t}^L \Delta \ln \widehat{L_{GW,t}}$$

Im Sektor Nicht-GW (NGW) wird eine unveränderte Multifaktorproduktivität angenommen, jedoch auch hier der Faktor Arbeit um die gewonnenen Arbeitsstunden bereinigt (nur Systemeffekt der gewonnenen Erwerbstätigkeit):

$$(7.3) \quad \begin{aligned} \Delta \ln \widehat{y_{NGW,t}} &= v_{NGW,t}^x \Delta \ln x_{NGW,t} + v_{NGW,t}^K \Delta \ln K_{NGW,t} \\ &\quad + v_{NGW,t}^L \Delta \ln \widehat{L_{NGW,t}} + \Delta \ln A_{NGW,t}^y \end{aligned}$$

Ausgehend vom – in beiden Szenarien identischen – Basisjahr 2002 ergibt sich bei positiver Multifaktorproduktivität ein geringerer, hypothetischer Produktionswertanstieg in der GW als im tatsächlichen Szenario. Im Folgejahr wird im Szenario der hypothetische Produktionswert als Basis angenommen, um die kumulierten Effekte des MTF von 2002 bis 2010 abzuschätzen.

Die aufgrund der gewählten Methodik (vgl. Infobox 12) über die Jahre 2002 bis 2010 entstehende Differenz in der gesamtwirtschaftlichen Entwicklung zwischen beiden Szenarien kann als Wertschöpfungs- bzw. Produktionswertbeitrag des MTF zur gesamtwirtschaftlichen Entwicklung verstanden werden. Dieses *Produktionswert-Plus sorgt zugleich für einen Anstieg des beitragspflichtigen Einkommens und damit für eine Verbreiterung der Finanzbasis von GKV und RV* und infolgedessen für Zusatzeinnahmen durch

Tabelle 7.2: Tatsächliche und hypothetische Arbeitsstunden, gewonnene Erwerbstätigkeitsjahre, 2002 – 2010

	2002	2003	2004	2005	2006	2007	2008	2009	2010
Nicht-Gesundheitswirtschaft									
Tatsächliche Arbeitsstunden (Mio.)	49.131	48.336	48.478	48.208	48.152	48.956	49.449	47.802	48.838
Hypothetische Arbeitsstunden (Mio.)	7.394	7.543	7.581	7.561	7.644	7.670	7.819	7.976	8.247
Gesundheitswirtschaft									
Tatsächliche Arbeitsstunden (Mio.)	7.394	7.543	7.581	7.561	7.644	7.670	7.819	7.976	8.247
Hypothetische Arbeitsstunden (Mio.)	7.394	7.514	7.521	7.479	7.538	7.592	7.768	7.931	8.209
Gesamtwirtschaft									
Verlorene Erwerbstätigkeitsjahre (Tsd.)	4.515	4.361	4.207	4.090	3.972	4.112	4.251	4.287	4.324
Gewonnene Erwerbstätigkeitsjahre zu 2002 kumulativ (Tsd.)		154	308	426	543	404	264	228	191

Die Jahre 2003, 2005, 2007, und 2009 wurden gemittelt; das Jahr 2010 projeziert für Arbeitsunfähigkeit, Invalidität und Sterblichkeit.
Quelle: Eigene Berechnungen.

den MTF. Außerdem wirkt der MTF auf diese Weise dem Fachkräftemangel entgegen.

Die Tabelle 7.3 sowie Tabelle 7.4 stellen zunächst die Ergebnisse der tatsächlichen Produktionswertentwicklung und der durchgeführten Simulation dar. Unter der Annahme der Abwesenheit des MTF ab 2002 wäre der kumulierte gesamtwirtschaftliche Produktionswert zwischen 2002 und 2010 um rund 234 Mrd. € geringer gewesen bzw. wäre im Durchschnitt lediglich um 1,6 % statt 1,8 % gewachsen. Der MTF hatte damit einen maßgeblichen Einfluss auf die Entwicklung des Wachstums in den Jahren 2002 bis 2010.

Um den Einnahmeeffekt nicht zu überschätzen und dem Prinzip der Beitragssatzstabilität auch in der Simulation Rechnung zu tragen, wird der relative Anteil der Einnahmen der GKV am Produktionswert mit den tatsächlichen Werten von 2002 bis 2010 angesetzt. Für den medizinisch-technischen Fortschritt werden die Werte der »traditionellen« Multifaktorproduktivität herangezogen. Die ermittelten Zusatzeinnahmen durch den MTF markieren infolge dieser konservativen Annahmen die **unterste** Grenze der positiven Einnahmeeffekte.

Tabelle 7.5 und Abbildung 7.3 stellen die Ergebnisse der durchgeführten Simulation dar. Die durchgeführten Simulationen zeigen, dass unter der Annahme der Abwesenheit des MTF ab 2002 der kumulierte gesamtwirtschaftliche Produktionswert zwischen 2002 und 2010 um rund 234 Mrd. € geringer gewesen wäre, bzw. dieser wäre im Durchschnitt lediglich um 1,6 % statt 1,8 % gewachsen. Bei einem als konstant unterstellten Anteil von GKV und RV am Produktionswert hätten der GKV ohne MTF zwischen 2002 und 2010 insgesamt 8,7 Mrd. €, der RV 13,3 Mrd. € weniger zur Verfügung gestanden. Der MTF trug somit insgesamt rund 22,0 Mrd. € zur Finanzierung der Einnahmen von GKV und RV bei, wovon 61 % auf den MTF und 39 % auf den Systemeffekt entfallen. Im Jahr 2010 entsprachen die aufgrund des kumulierten MTF (2002 – 2010) um 1,2 Mrd. € höheren GKV-Einnahmen entsprechend der »Faustformel« des BMG (Bundesministerium für Gesundheit 2010) etwa 0,1 Beitragspunkten. Aufgrund der gewählten konservativen Methodik ist damit jedoch lediglich eine Untergrenze des positiven Einflusses des MTF auf die Einnahmenseite der Sozialversicherung beschrieben. Noch unberücksichtigt bleiben die indirekten und induzierten Produktivitätswirkungen über die Vorleistungsverflechtung und über die Einkommenseffekte sowie die positiven Wirkungen des MTF auf die gewonnenen Lebensjahre

Tabelle 7.3: Tatsächliche Wirtschaftsentwicklung mit MTF (in %), 2003 – 2010

	2002	2003	2004	2005	2006	2007	2008	2009	2010	Durch-schnitt
Nicht-Gesundheitswirtschaft										
Wachstumsanteile										
Arbeitsanteil		-0,5	0,1	-0,2	0,0	0,5	0,3	-1,0	0,6	0,0
Kapitalanteil		0,3	0,3	0,2	0,3	0,3	0,3	0,2	0,2	0,2
Vorleistungsanteil		1,0	1,4	1,5	2,5	2,6	0,9	-3,9	3,5	1,2
Multifaktorproduktivität		-0,1	0,5	0,2	1,5	1,0	-0,3	-2,2	1,3	0,2
Wachstum insgesamt in %		0,7	0,2	0,2	0,5	0,5	0,5	0,5	0,3	0,4
Produktionswert in Mrd. €	3.576	3.600	3.681	3.749	3.912	4.083	4.130	3.855	4.077	
Gesundheitswirtschaft										
Wachstumsanteile										
Arbeitsanteil		0,9	0,2	-0,1	0,5	0,1	0,8	0,9	1,5	0,6
Kapitalanteil		0,5	0,2	0,2	0,5	0,5	0,5	0,5	0,3	0,4
Vorleistungsanteil		1,1	-0,3	0,6	1,3	2,1	1,4	1,1	0,8	1,0
Multifaktorproduktivität		0,8	-0,1	1,9	1,5	1,9	2,6	-0,9	0,1	1,0
Wachstum insgesamt in %		3,3	0,1	2,7	3,8	4,6	5,3	1,5	2,7	3,0
Produktionswert in Mrd. €	320	331	331	340	353	370	390	396	407	
Gesamtwirtschaft										
Wachstum insgesamt in %		0,9	2,0	1,9	4,2	4,3	1,5	-6,1	5,3	1,8
Produktionswert in Mrd. €	3.896	3.931	4.013	4.089	4.265	4.453	4.520	4.251	4.484	

Quelle: Eigene Berechnungen.

Tabelle 7.4: Hypothetische Wirtschaftsentwicklung mit MTF (in %), 2003 – 2010

	2002	2003	2004	2005	2006	2007	2008	2009	2010	Durchschnitt
Nicht-Gesundheitswirtschaft										
Wachstumsanteile										
Arbeitsanteil		-0,6	0,0	-0,3	-0,1	0,6	0,4	-1,0	0,7	-0,1
Kapitalanteil		0,3	0,3	0,2	0,3	0,3	0,3	0,2	0,2	0,2
Vorleistungsanteil		1,0	1,4	1,5	2,5	2,6	0,9	-3,9	3,5	1,2
Multifaktorproduktivität		0,0	0,0	-0,1	0,5	0,2	1,5	1,0	-0,3	0,4
Wachstum insgesamt in %		0,6	2,1	1,7	4,2	4,4	1,2	-6,9	5,6	1,6
Produktionswert in Mrd. €	3.576	3.596	3.672	3.736	3.895	4.070	4.121	3.848	4.070	
Gesundheitswirtschaft										
Wachstumsanteile										
Arbeitsanteil		0,7	0,0	-0,3	0,3	0,3	1,0	0,9	1,5	0,6
Kapitalanteil		0,5	0,2	0,2	0,5	0,5	0,5	0,5	0,3	0,4
Vorleistungsanteil		1,1	-0,3	0,6	1,3	2,1	1,4	1,1	0,8	1,0
Multifaktorproduktivität		0,0	0,0	0,0	0,0	0,0	0,0	0,0	0,0	0,0
Wachstum insgesamt in %		2,3	0,0	0,6	2,1	2,9	2,9	2,4	2,6	2,0
Produktionswert in Mrd. €	320	328	328	330	337	347	357	365	375	
Gesamtwirtschaft										
Wachstum insgesamt in %		0,7	1,9	1,6	4,0	4,3	1,4	-6,1	5,4	1,6
Produktionswert in Mrd. €	3.896	3.923	4.000	4.065	4.232	4.417	4.478	4.213	4.445	

Quelle: Eigene Berechnungen.

Tabelle 7.5: Zusatzeinnahmen von GKV und RV durch MTF, 2002 – 2010

	Gesamtwirtschaft Produktionswert in Mrd. €		Differenz zwischen Szenarien	GKV		RV	
	tatsächlich	hypothetisch (simuliert)	Zusatz-produktion durch MTF in Mio. €	Anteil am Produk-tion in %	Zusatz-einnahmen durch MTF in Mio. €	Anteil am Produk-tion in %	Zusatz-einnahmen durch MTF in Mio €
	(1)	(2)	(3)=(1)-(2)	(4)	(5)=(3)*(4)	(6)	(7)=(6)*(3)
2002	3.896	3.896	0,0				
2003	3.931	3.923	7,8	3,8	299	6,3	496
2004	4.013	4.000	12,8	3,8	490	6,2	790
2005	4.089	4.065	23,4	3,7	861	5,9	1.378
2006	4.265	4.232	33,3	3,6	1.198	5,6	1.862
2007	4.453	4.417	36,7	3,6	1.306	5,5	2.027
2008	4.520	4.478	42,9	3,5	1.516	5,4	2.313
2009	4.251	4.213	38,3	4,0	1.526	5,8	2.240
2010	4.484	4.445	38,6	4,0	1.527	5,8	2.157
Mittelwert				3,7		5,8	
Summe			234		8.722		13.263

Quelle: Eigene Berechnungen.

Abbildung 7.5: Beitrag des MTF zur Finanzierung der Einnahmen von GKV und RV, 2002 – 2010

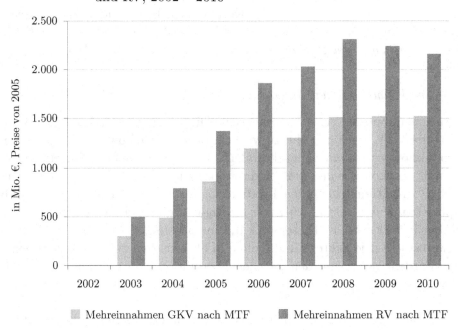

Quelle: Eigene Darstellung.

der nicht-erwerbstätigen Bevölkerung (vgl. Schneider 1999, S. 591, Bräuninger et al. 2007, S. 26 ff.).

Aufschluss über den Beitrag der einzelnen Teilsektoren der Gesundheitswirtschaft an der Finanzierung von GKV und RV liefern Abbildung 7.4 und Abbildung 7.5. Mit Ausnahme der Gesundheitsdienstleistungen des Kernbereiches in den Jahren 2003 bis 2006 liefern sämtliche Teilsektoren einen positiven Beitrag zur Einnahmeentwicklung der GKV. Der starke Multifaktorproduktivitätszuwachs sorgt seit 2008 jedoch auch für einen erheblichen Beitrag zur Finanzierung der Sozialversicherung durch die Gesundheitsdienstleistungen. Hauptreiber und -faktor des MTF ist jedoch der Bereich Gesundheitsindustrie und -handel im Kernbereich. Insbesondere medizintechnische und pharmazeutische Innovationen tragen daher zu einem *erheblichen Wertschöpfungs- und Produktionswertzuwachs* und somit zu Wohlstandsgewinnen bei.

Auswirkungen auf den Arbeitsmarkt

In einem weiteren Schritt werden schließlich die positiven Arbeitsmarkteffekte des MTF bestimmt. Hierzu wird der prozentuale Zuwachs des gesamten Produktionswertes mit dem sektoralen Faktoranteil des Inputfaktors Arbeit (Anteil der Lohnsumme am Produktionswert) multipliziert, um den dem Faktor Arbeit zurechenbaren Produktionswertanstieg zu bestimmen. Multipliziert mit den sektoralen Erwerbstätigen ergibt sich der jährliche Fachkräfteeffekt des MTF. Dieser gibt die hypothetische Zahl von benötigten Erwerbstätigen je Sektor an, die ohne MTF zwischen 2002 und 2010 benötigt worden wären, um den gleichen Produktionswert zu erzielen wie mit MTF.

Für die Jahre 2002 bis 2010 ergeben sich über alle Sektoren der Wirtschaft positive Arbeitsmarkteffekte. Der MTF (direkter Effekt plus Effekt durch verringerte Sterblichkeit, Arbeitsunfähigkeit und Invalidität) konnte insgesamt 660.000 Erwerbstätigenjahre zwischen 2002 und 2010 ersetzen.

Im Großen und Ganzen konnten in diesem Abschnitt die positiven Wertschöpfungs-, Sozialversicherungs- und Fachkräfteeffekte des medizinisch-technischen Fortschritts aufgezeigt werden. Der MTF liefert daher einen wichtigen und wesentlichen Beitrag für Wachstum und Wohlstand in Deutschland. Untersuchungen der BMWi-Studie »Innovationsimpulse der Gesundheitswirtschaft« haben bereits die Wertschöpfungsgewinne durch Senkung von Arbeitsunfähigkeit, Invalidität und Sterblichkeit betont (vgl. Henke, Trop-

Abbildung 7.6: Beitrag der GW-Teilsektoren zu den Einnahmen der GKV aufgrund des MTF, 2002 – 2010

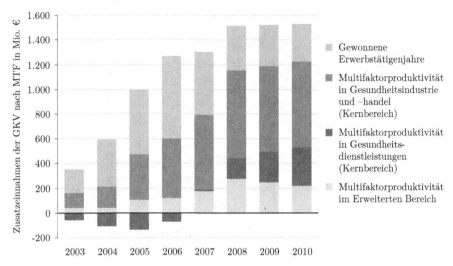

Quelle: Eigene Berechnungen und Darstellung.

Abbildung 7.7: Beitrag der GW-Teilsektoren zu den Einnahmen der RV aufgrund des MTF, 2002 – 2010

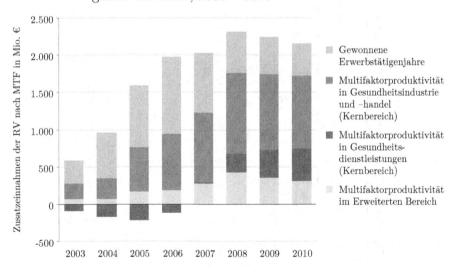

Quelle: Eigene Berechnungen und Darstellung.

Tabelle 7.6: Arbeitsmarkteffekte der gewonnenen Erwerbstätigkeitsjahre und des MTF, 2002 – 2010

| Jahr | Produktionswert (in Mrd. €) | | Gewonnener Produktionswert in % | Erwerbstätige in 1.000 | Faktoranteil Arbeit* | Fachkräfteeffekt in 1.000 |
| | tatsächlich | hypothetisch | | | | |
	(1)	(2)	(3)=(1)/(2)	(4)	(5)	(6)=(3)*(4)*(5)
2002	3.896	3.896	0,0	39.257	0,33	0
2003	3.931	3.923	0,2	38.918	0,33	26
2004	4.013	4.000	0,3	39.034	0,32	40
2005	4.089	4.065	0,6	38.976	0,31	70
2006	4.265	4.232	0,8	39.192	0,30	92
2007	4.453	4.417	0,8	39.857	0,29	96
2008	4.520	4.478	1,0	40.348	0,29	113
2009	4.251	4.213	0,9	40.370	0,31	116
2010	4.484	4.445	0,9	40.603	0,30	107
Summe						660

*Gibt die Zahl an Erwerbstätigen an, die ohne den MTF (2002 – 2010) im jeweiligen Sektor benötigt worden wären, um den gleichen Produktionswert zu erzielen wie mit MTF.

Quelle: Eigene Berechnungen.

pens et al. 2011). Diese Überlegungen wurden hier auf den Zeitraum 2002 – 2010 ausgedehnt und für den Arbeitsmarkt untersucht.

Senkung des Invaliditätsrisikos

Es ist davon auszugehen, dass von den Treibern des MTF einzelne Bevölkerungsgruppen unterschiedlich profitieren. Abbildung 7.8 fasst die Entwicklung der Rentenzugänge wegen verminderter Erwerbsfähigkeit je 1.000 Erwerbstätige (einschl. der über 65-Jährigen) in Deutschland für den Zeitraum 2005 bis 2011 zusammen: Bei genauer Betrachtung des Geschehens nach Diagnosegruppen wird jedoch eine deutlich zweigeteilte Entwicklung sichtbar:

- Ein deutlicher Zuwachs bei den psychischen Erkrankungen (inklusive Erkrankungen des Nervensystems) von 3,26 % jährlich.
- Ein Rückgang der krankheitsbedingten Frühverrentungen in den anderen Krankheitsgruppen von jährlich 2,4 %.

Während 2005 mit insgesamt knapp 63.000 Fällen rund 39 % der Rentenneuzugänge einer psychischen Erkrankung oder Erkrankung des Nervensystems zuzurechnen war, waren es 2011 bereits 47 % (ca. 84.000 Fälle).

Als Einflussgrößen auf den kontinuierlichen Anstieg der Verrentungen aufgrund psychischer Erkrankungen werden in der Literatur vor allem steigende Belastungen am Arbeitsplatz und verbesserte Diagnostik genannt. Relevant scheint aber auch der Umstand, dass bei schweren psychischen Störungen vor der Berentung größtenteils keinerlei Rehabilitationsmaßnahmen erfolgen, aufgrund der geringen Erfolgswahrscheinlichkeit hinsichtlich einer Wiedereingliederung in den Arbeitsprozess (Richter 2006: S. 213).

Abbildung 7.9 zeigt die Rentenzugänge je 1.000 Erwerbstätige der Jahre 2005 und 2011 nach Altersgruppen – insgesamt und jeweils getrennt nach nicht-psychischen und psychischen Erkrankungen. In den Altersklassen 15 – 29 sowie 30 – 39 Jahre sind für den Untersuchungszeitraum Steigerungen der Rentenzugänge insgesamt von 8,5 % bzw. 4,8 % zu beobachten. Für die Gruppe der 40- bis 49-Jährigen und der über 60-Jährigen werden dagegen leichte Rückgänge von 2,0 % bzw. 2,9 % ausgewiesen. Deutlicher fällt die Abnahme der Neuzugänge für die Altersgruppe 50 – 59 aus: Er lag hier bei 14,6 % – dies entspricht einem durchschnittlichen Rückgang von 2,6 % pro Jahr. Für alle Altersgruppen ist ein Anstieg bei frühzeitigen Verrentungen aufgrund psychischer Erkrankungen (bspw. Demenz, Depressionen, Schizophrenie) zu erkennen. Die Spannbreite der Zuwächse reicht dabei von 7,7 % (50 – 59) bis 42,3 % (60 und älter).

Abbildung 7.8: Rentenzugänge pro 1.000 Erwerbstätige nach nicht-psychischen und psychischen Erkrankungen, 2005 bis 2011

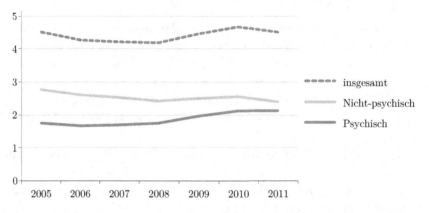

Quelle: Eigene Berechnungen nach Deutsche Rentenversicherung, Sonderauswertung.

Abbildung 7.9: Rentenzugänge pro 1.000 Erwerbstätige nach Altersgruppen und Krankheiten, 2005 und 2011

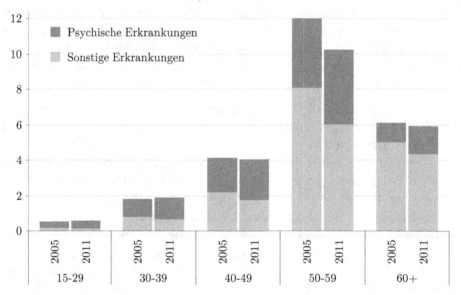

Quelle: Eigene Berechnungen nach Deutsche Rentenversicherung, Sonderauswertung.

Steigerung des Gesundheitsvermögens

Nun stellt sich abschließend die Frage, welchen Effekt haben Maßnahmen der Gesundheitswirtschaft, aber auch außerhalb der Gesundheitswirtschaft auf die Gesundheit, wie kann der *Gesundheitswirtschaftliche Kreislauf* im Rahmen eines Input-Output-Systems geschlossen werden? In der Literatur finden sich verschiedene Ansätze zur Modellierung der Gesundheit in gesamtwirtschaftlichen Modellen, wobei der gesundheitliche Output explizit als abhängige oder unabhängige Größe in das Modell aufgenommen wird (vgl. Smith et al. 2005; Rutten, Reed 2009; Pock et al. 2010).

Eine erweiterte Input-Output-Rechnung des Gesundheitssatellitenkontos bietet die Möglichkeit, die eventuellen Gesundheitsgewinne aus verminderter Invalidität, Arbeitsunfähigkeit und Sterblichkeit in Verbindung mit Maßnahmen der Gesundheitswirtschaft zu simulieren und damit auch in die Produktivitätsmessung einzubeziehen. Für die konkrete Abbildung der Wirkungen von Gesundheitsaktivitäten und des Gesundheitsvermögens bzw. des Gesundheitskapitals im Gesundheitssatellitenkonto können dabei die Überlegungen von Leontief 1970b und von Stone 1975 herangezogen werden. Hierzu wird zusätzlich zum Sachvermögen das Gesundheitsvermögen explizit in das Modell aufgenommen. Das Gesundheitsvermögen oder »Gesundheitskapital« lässt sich als eine Ausprägung des Humanvermögens begreifen (vgl. Grossman 1972, Galama 2011), das im Input-Output Modell als Faktor Arbeit bereits für die Erwerbstätigen erfasst wird. Zur Messung des Gesundheitsvermögens stehen wiederum verschiedene Ansätze zur Verfügung (vgl. Seyfarth 1981; Cutler, Richardson 1997; Weil 2007).

Ausgehend von diesen Überlegungen lässt sich die um das Gesundheitsvermögen erweiterte Input-Output-Tabelle vereinfacht nach Abbildung 7.8 beschreiben. In die Tabelle werden zusätzliche Zeilen eingefügt, welche die Erwerbsminderungseffekte durch Erkrankungen beschreiben, und zusätzliche Spalten, welche die Gesundheitsgewinne durch die verschiedenen Leistungen der Gesundheitswirtschaft sowie weiterer Aktivitäten erfassen. Damit kann der »Gesundheitswirtschaftliche Kreislauf« im Rahmen eines Input-Output-Systems geschlossen werden.

Die Nettoeffekte an Gesundheitsgewinnen sind in diesem erweiterten Input-Ouput-Modell somit nicht nur vom MTF, sondern auch vom Unfang und der Struktur der gesundheitsrelevanten Aktivitäten außerhalb der »Gesundheitswirtschaft« abhängig. Ein besonderer Aspekt betrifft die Erfassung der Gesundheitsrisiken, die unabhängig von den Produktions- und Konsumpro-

Abbildung 7.10: Sach- und Gesundheitsvermögen in der erweiterten Input-Output-Rechnung

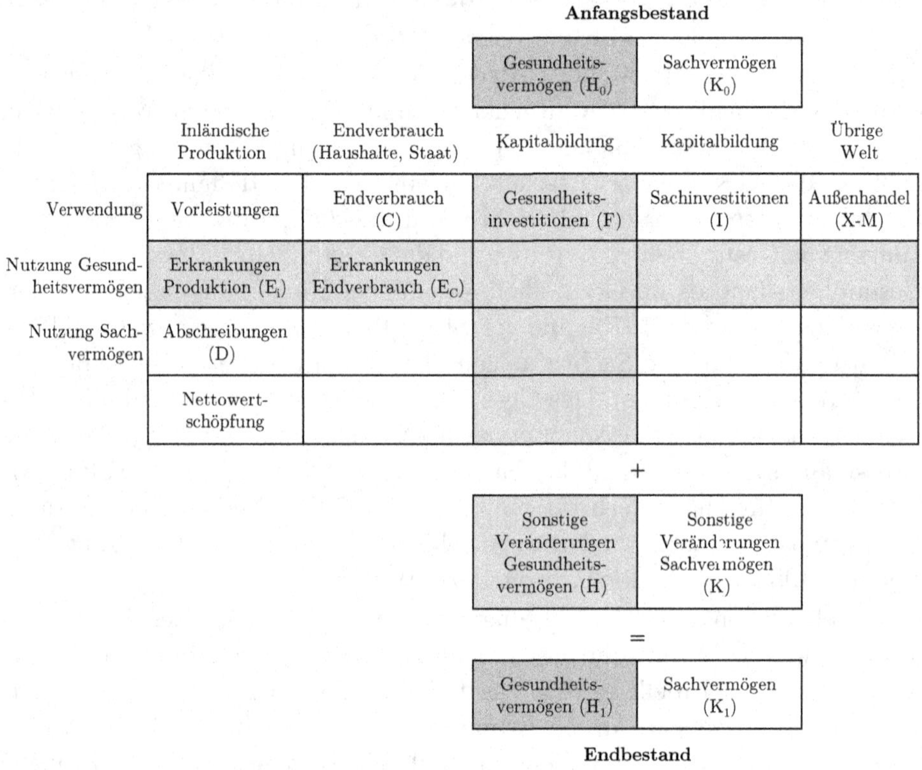

Anfangsbestand

			Gesundheits-vermögen (H_0)	Sachvermögen (K_0)	
	Inländische Produktion	Endverbrauch (Haushalte, Staat)	Kapitalbildung	Kapitalbildung	Übrige Welt
Verwendung	Vorleistungen	Endverbrauch (C)	Gesundheits-investitionen (F)	Sachinvestitionen (I)	Außenhandel (X-M)
Nutzung Gesund-heitsvermögen	Erkrankungen Produktion (E_{ii})	Erkrankungen Endverbrauch (E_C)			
Nutzung Sach-vermögen	Abschreibungen (D)				
	Nettowert-schöpfung				

+

Sonstige Veränderungen Gesundheits-vermögen (H)	Sonstige Veränderungen Sachvermögen (K)

=

Gesundheits-vermögen (H_1)	Sachvermögen (K_1)

Endbestand

Quelle: Eigene Darstellung.

zessen, etwa durch Umwelteinflüsse auf das Gesundheitsvermögen wirken (vgl. Box »Sonstige Veränderungen Gesundheitsvermögen (H)« in Abbildung 7.8).

Die Herausforderungen dieses erweiterten Modells liegen vor allem in der Berechnung der Input-Koeffizienten der vielen wirtschaftlichen Güterbereiche auf die Gesundheit; beispielsweise, welche Effekte haben Bildungsaktivitäten auf die Gesundheit? Auch auf der Outputseite gibt es zusätzliche Datenanforderungen, auch wenn sich die Datenlage hier vergleichsweise gut darstellt. Für die Berechnung der Koeffizienten der Outputseite können z. B. Arbeitsunfähigkeitsdaten der Krankenkassen nach Branchen verwendet werden. Für die ersten Berechnungen der erweiterten Input-Output-Tabellen für den Zeitraum 2002 – 2010 wurden vom Wissenschaftlichen Institut der Ortskrankenkassen WIdO Arbeitsunfähigkeitsdaten zur Verfügung gestellt. Neben der Variation des Arbeitsunfähigkeits- und Erwerbsunfähigkeitsrisikos nach Produktionsbereichen, können im erweiterten Modell auch die Morbiditätsrisiken durch schädliche und gefährliche Konsumaktivitäten einbezogen werden. Über strukturelle Unterschiede im Erkrankungsrisiko zwischen Erwerbs- und Nichterwerbspersonen gibt beispielsweise das Zusatzprogramm »Fragen zur Gesundheit« des Mikrozensus Auskunft (vgl. Statistisches Bundesamt 2011f).

8 Politische Handlungsempfehlungen

It is worth remembering that small changes in productivity growth will lead to large improvements in living standards over time.

National Research Council 2012

Auch Gesundheitsleistungen unterliegen aufgrund allgegenwärtiger Ressourcenrestriktionen ökonomischen Überlegungen. Da die Gesundheitswirtschaft mittlerweile zu mehr als 10 % zum Bruttoinlandsprodukt beiträgt, kann ihre laufende makroökonomische Beobachtung mit Hilfe eines Satellitensystems zu den Volkswirtschaftlichen Gesamtrechnungen einen wertvollen Beitrag zur ökonomischen Einordnung dieses Teilbereichs in die Gesamtwirtschaft leisten. Im Rahmen dieser Studie wurden Aspekte eines solchen Rechensystems im Hinblick auf die Produktivitätsmessung vertieft. Die Treiber der Produktivität in der Gesundheitswirtschaft wurden im Rahmen des Modells durch eine Zerlegung des Faktoreinsatzes einerseits und der realen Güter- und Leistungsstrukturen andererseits analysiert und in Szenarien quantitativ umgesetzt. Für die Produktivitätsberechnung wurden die Produktionswerte in konstanten Preisen dargestellt und krankheitsbezogen aufgeschlüsselt. Die Berücksichtigung von Qualitätsänderungen wurde als ein wichtiger Bestandteil der Produktivitätsmessung in der Gesundheitswirtschaft identifiziert.

Bei den Auswirkungen der Produktivität auf den Finanzbedarf wurden auch Auswirkungen auf die Kranken- und Rentenversicherungen (z. B. durch Vermeidung bzw. das Hinausschieben gesundheitsbedingter Frühverrentungen) berücksichtigt.

Durch die vergleichende Produktivitätsmessung und -analyse ergeben sich neue Informationen für die Gestaltung der Wettbewerbs- und Wirtschaftspolitik. Es lassen sich die Treiber und die innovativsten Branchen im Zeitablauf ermitteln und bewerten, als Grundlage für wirtschaftspolitisches Handeln.

8.1 Handlungsempfehlungen für die Gesundheitswirtschaft

1. Untersuchungsergebnis:

In der Gesundheitswirtschaft ist die Produktivität im Zeitraum 2002 – 2010 mehr als doppelt so stark gestiegen wie in der Gesamtwirtschaft (vgl. Tabelle 5.4). Im Einzelnen zeigt sich, dass die Gesundheitswirtschaft sowohl ein Wachstumstreiber ist als auch in Krisenzeiten als stabilisierender Faktor des Wirtschaftsstandorts Deutschland wirken kann.

Empfehlungen: Es gilt, den Wachstumsbeitrag der Gesundheitswirtschaft künftig deutlicher in der Öffentlichkeit darzustellen, um das Image des Gesundheitswesens als Kostenfaktor zu überwinden. Weiterhin sollten gesundheitspolitische Vorhaben in Zukunft stärker auch bezüglich ihrer wirtschaftlichen Implikationen geprüft werden, nicht nur hinsichtlich ihrer fiskalischen Wirkungen (Ausgabensenkung, Beitragssatzstabilität etc.). Konkret sind jeweils die Auswirkungen geplanter Regulierungen auf das Wirtschaftswachstum, den technologischen Fortschritt und den Arbeitsmarkt zu ermitteln.

2. Untersuchungsergebnis:

Die Multifaktorproduktivität der Gesundheitswirtschaft lag mit einem jährlichen Wachstum von 1,1 % deutlich über dem Wachstum in der Nicht-Gesundheitswirtschaft und Gesamtwirtschaft (+0,2 bzw. 0,3 % p. a.). Treiber dieser Entwicklung ist der medizinisch-technische Fortschritt (MTF) im Kernbereich der Gesundheitswirtschaft, und dort vor allem bei den Gesundheitswaren.

Empfehlungen: Im Bereich der Güterproduktion, die stärker wettbewerblich und an Marktpreisen ausgerichtet ist, stehen insbesondere Pharmaindustrie und Medizintechnik auch im internationalen Wettbewerb und sind stark exportorientiert. Um diesen starken Treiber zu erhalten, sollten die Effekte von Markteingriffen auf die internationale Wettbewerbsfähigkeit besonders beachtet werden. Der Bereich der ambulanten und stationären Dienstleistungen dagegen ist überwiegend national und regional ausgerichtet und durch administrierte Preise und sektorale Budgets gekennzeichnet. Hier sollten auch die Rahmenbedingungen für wettbewerbliche Strukturen sukzessive weiterentwickelt werden. Der bei den gesetzlichen Krankenkassen eingeführte Wettbewerb hat offenbar zu einer deutlichen Effizienzsteigerung in der Verwaltung geführt.

3. Untersuchungsergebnis:

Die krankheitsbezogene Betrachtung hat ergeben, dass die Bedeutung von psychischen Erkrankungen und Neubildungen zunimmt, während Herz-Kreislauf- und Muskel-Skelett-Erkrankungen an Gewicht verlieren. Auch für die Wirtschaft stellt der Anstieg krankheitsbedingter Fehlzeiten aufgrund psychischer Erkrankungen eine Belastung dar (durchschnittliche jährliche Zunahme der verlorenen Erwerbstätigkeitsjahre 2002 – 2008 von 3,1 %).

Empfehlungen: Die Politik muss künftig der Prävention und Behandlung psychischer Erkrankungen mehr Aufmerksamkeit widmen, deren Ursachen immer häufiger im beruflichen Bereich zu finden sind.

Hier sind vor allem die Unternehmen und die Sozialversicherungsträger gefordert, die Rahmenbedingungen für ein gesundes und leistungsförderndes Arbeiten weiter zu entwickeln. Wissenschaftliche Studien konnten zeigen, dass Investitionen in betriebliches Gesundheitsmanagement auch aus betriebswirtschaftlicher Sicht vorteilhaft sind (Lück, Eberle, Bonitz 2008). In den letzten Jahren wurden sowohl auf politischer als auch auf privatwirtschaftlicher Ebene Initiativen und Projekte zur Verbesserung der Arbeitsbedingungen gestartet (u. a. Initiative neue Qualität der Arbeit INQA und Modellprogramm zur Bekämpfung arbeitsbedingter Erkrankungen des BMAS, Wettbewerb Bester Arbeitgeber von Great Place to Work sowie zahlreiche Projekte der gewerblichen Berufsgenossenschaften und der Unfallkassen). Es zeigt sich, dass es einerseits viele Lösungsansätze und Konzepte gibt, andererseits aber der Praxistransfer, insbesondere für KMUs, schwierig ist. Hier gilt es, künftig zielgenauere Förderinstrumente zu implementieren, um die Produktivität der gesamten Wirtschaft zu erhöhen.

4. Untersuchungsergebnis:

Als Folge des medizinisch-technischen Fortschritts sind die Arbeitsmarkteffekte im Bereich Gesundheitsgüter und Gesundheitsdienstleistungen unterschiedlich. Im Zeitraum 2000 – 2010 fand eine deutliche Verschiebung hin zu den Berufen des Dienstleistungsbereichs, insbesondere den pflegerischen und medizinischen Berufen, statt, während bestimmte Gesundheitsberufe im Bereich der industriellen Gesundheitsgüterproduktion und des Handels einen Rückgang verzeichneten.

Empfehlungen: Bei den Gesundheitsdienstleistungen ist durch den medizinisch-technischen Fortschritt nur eine geringe Entlastung des zukünftigen Fachkräftebedarfs zu erwarten. Angesichts eines knapper werdenden Arbeitskräftepotentials aufgrund der demografischen Entwicklung verdient die zukünftige Fachkräftesituation besondere Beachtung. Projektionen zum Fachkräftebedarf sollten dennoch stärker die Treiber der Arbeitsproduktivität und des medizinisch-technischen Fortschritts in den verschiedenen Berufsfeldern und Produktionsbereichen berücksichtigen.

5. Untersuchungsergebnis:

Für den Krankenhaussektor konnte gezeigt werden, dass im Untersuchungszeitraum per Saldo eine Produktivitätssteigerung erreicht wurde (Multifaktorproduktivität). Die gemessenen Produktivitätsverbesserungen sind ausschließlich auf den technologischen Fortschritt (»technische Veränderung«) zurückzuführen, während Effizienzveränderungen kaum stattgefunden haben bzw. sogar leicht negative Werte ermittelt wurden.

Empfehlungen: Effizienzverbesserungen sind eng verbunden mit Prozessveränderungen und Reorganisation. Diese wiederum gehen oft mit Investitionen einher, da bauliche Gegebenheiten an veränderte Strukturen und Leistungen anzupassen sind (Einbau von Fahrstühlen zur Verbesserung der Transportwege, Umbau von Stationen aufgrund veränderter Patientenklientel, z. B. geriatrische Abteilungen, etc.). Der Zugang der Krankenhäuser zu Investitionsmitteln ist zu verbessern, da die Bundesländer ihren Verpflichtungen zur Finanzierung der Investitionen in den letzten Jahren nicht mehr in ausreichendem Maße nachgekommen sind und, so das Ergebnis des aktuellen Krankenhaus Rating Reports 2013, die durchschnittliche Investitionsfähigkeit vor allem der nicht-privaten Krankenhäuser zu gering ist, um langfristig bestehen zu können. 2011 befanden sich 13 % der Krankenhäuser in erhöhter Insolvenzgefahr, 2010 waren es noch unter 10 % (Augurzky 2013).

Weiterhin ist zu prüfen, inwieweit ambulante und stationäre Einrichtungen des Gesundheitswesens von der Innovationsförderung des Bundes profitieren. Die Statistik des Zentralen Innovationsprogramms Mittelstand (ZIM) listet hier nur die Bereiche Gesundheitsforschung und Medizintechnik (mit einem Fördervolumen von 193 Mio. €, Stand Juni 2013) auf.

8.2 Handlungsempfehlungen für die Gesundheitsforschung

6. Untersuchungsergebnis:

Im Rahmen dieser Studie konnte ein Einstieg in die Analyse der Produktivität der Gesundheitswirtschaft und ihrer Teilbereiche erfolgen. Eine volle Rechentiefe und Verknüpfung mit dem Güterkonto sowie den Sektorkonten der Volkswirtschaftlichen Gesamtrechnungen wäre ein wünschenswerter nächster Schritt. Auch die analysierten Krankheitsprozesse könnten weiter differenziert und in die Gesundheitsökonomischen Gesamtrechnungen integriert werden.

Empfehlungen: Aufbauend auf den Projektergebnissen sollte eine Weiterentwicklung der Datengrundlagen und Analysemethoden im Rahmen von Forschungsprojekten erfolgen. Erforderlich ist vor allem:

- die Zusammenführung der verschiedenen Preisindizes in ein Teilrechensystem der gesundheitsökonomischen Gesamtrechnungen,
- die laufende Beobachtung des Kapitalbedarfs der Gesundheitswirtschaft, da immer wieder von Investitionsstaus und zu geringer Investitionsförderung die Rede ist,
- die kontinuierliche Analyse der Entwicklung des Faktors Arbeit bzgl. der Qualifikations- und Bildungsstufen – z. B. durch (EQR)-Einstufungen auf der Inputseite,
- die Ermittlung empirisch fundierter Qualitätsindizes für die Teilbereiche der Gesundheitswirtschaft (ambulant, stationär, Reha und Pflege) und darauf aufbauend bereichsübergreifend für einzelne Krankheitsgruppen.

7. Untersuchungsergebnis:

Die Entwicklung der Arbeitsproduktivität in der Gesundheitswirtschaft liegt auf dem Niveau der Gesamtwirtschaft. Innerhalb der Gesundheitswirtschaft liegt diese jedoch deutlich höher bei den Gesundheitsgütern und unterdurchschnittlich bei den Gesundheitsdienstleistungen.

Empfehlungen: Der Qualitätsaspekt spielt bei der Erbringung von Gesundheitsdienstleistungen eine große Rolle. Medizinisch-technischer Fortschritt und steigende gesetzliche Qualitätsanforderungen sind meist mit einem höheren Arbeitsaufwand verbunden – resultieren aber auch in verbesserten Behandlungsergebnissen (schnellere Genesung, höhere Lebensqualität etc.). Die Messung des Output spiegelt diese Qualitätsverbesserungen derzeit kaum wider. Eine bessere Erfassung der Produktivitätsveränderungen bei Gesundheitsdienstleistungen erfordert methodische Weiterentwicklungen, die seitens der Politik gefördert werden sollten.

Tabelle 8.1: Ausgaben des Bundes für Wissenschaft, Forschung und Entwicklung nach Förderbereich

Förderbereich		2009		2010	
		insg.	dar. FuE	insg	dar. FuE
Ausgaben alle Bereiche, darunter:		14.473,7	12.022,0	15.421,8	12.792,5
A	Gesundheitsforschung und Medizintechnik	900,4	749,1	958,9	798,7
AA	Forschung im Bereich Gesundheit	857,9	716,7	923,9	774,9
AB	Patientenrelevante Forschung	4,3	3,3	3,6	2,3
AC	Versorgungsforschung	7,1	6,9	2,2	1,7
AD	Forschung in der Medizintechnik	12,7	8,3	12,2	7,5
AE	Strahlenschutz	18,5	13,8	17,1	12,3

Quelle: Eigene Darstellung nach BMBF 2012.

8. Untersuchungsergebnis:

Der medizinisch-technische Fortschritt trug zwischen 2002 und 2010 insgesamt mit rund 22,0 Mrd. € direkt zur Finanzierung der Einnahmen der GKV und der RV bei.

Empfehlungen: Dies verdeutlicht, dass die Förderung des medizinisch-technischen Fortschritts eine gesamtgesellschaftliche Aufgabe sein muss. Derzeit fließen rund 6 % der Ausgaben des Bundes für Wissenschaft, Forschung und Entwicklung in den Förderbereich Gesundheitsforschung und Medizintechnik, darunter jedoch nur 0,6 % (2010) in patientenrelevante und Versorgungsforschung (vgl. BMBF 2012 und Tabelle 8.1) – angesichts der gesellschaftlichen Bedeutung von Gesundheit ist zu überprüfen, ob dieser Anteil nicht erhöht werden sollte.

A Anhang

A.1 Fortschreibung des Gesundheitssatellitenkontos

Für die Zwecke dieser Untersuchung wurde das Gesundheitssatellitenkonto des Jahres 2005 einerseits auf das Jahr 2010 fort- und andererseits auf das Jahr 2002 zurückgeschrieben. In einem ersten Schritt erfolgte deshalb eine technische Analyse des vorliegenden Gesundheitssatellitenkontos in Verbindung mit der bestehenden Produktivitätsberechnung des Statistischen Bundesamtes, von Eurostat und der OECD sowie den Zielsetzungen des vorliegenden Projekts. Gleichzeitig wurde geprüft, ob die einzelnen Produktionsbereiche zur Abbildung der Produktivitätsentwicklung ausreichend differenziert sind.

Die Prüfung der GGR aus dem Forschungsprojekt »Nutzung und Weiterentwicklung des deutschen Gesundheitssatellitenkontos zu einer Gesundheitswirtschaftlichen Gesamtrechnung (GGR)« von Roland Berger Strategy Consultants, WifOR und Prof. Dr. Henke ergab, dass sich die Vorgehensweise des Weiterentwicklungsprojekts – nicht zuletzt wegen der Datenverfügbarkeit – nicht auf dieses Projekt übertragen lies. Es musste eine eigene Methode zur Fortschreibung des Gesundheitssatellitenkontos entwickelt werden. Diese Fortschreibung versucht nicht, die Arbeiten zur GGR zu ersetzten, vielmehr ist sie eine Teillösung, die nicht die volle Funktionalität der GGR bietet, jedoch für die Analyse von Produktivitätsentwicklungen besser geeignet ist. Die methodische Vorgehensweise zur Erstellung eines Gesundheitssatellitenkontos zur Messung der Produktivitätsentwicklung wird im Anschluss erläutert.

Gesundheitswirtschaftliche Gesamtrechnung

Im Rahmen des Forschungsprojekts »Nutzung und Weiterentwicklung des deutschen Gesundheitssatellitenkontos zu einer Gesundheitswirtschaftlichen Gesamtrechnung (GGR)« von Roland Berger Strategy Consultants, WifOR und Prof. Dr. Henke wurde das GSK für die Jahre 2006 bis 2009 fortgeschrieben. Hierbei wurden detaillierte Tabellen aus dem Herleitungsverfahren für die Input-Output-Tabellen des Statistischen Bundesamtes für die Bereiche der Gesundheitswirtschaft aggregiert und mit unterschiedlichen Methoden noch auf Basis der WZ 2003 fortgeschrieben. Für die aktuellen Produktivitätsberechnungen wurden die zeitlichen Veränderungen der einzelnen Produktionsbereiche einheitlich auf der WZ 2008 berechnet. Folgende Punkte sind dabei von vorrangiger Bedeutung:

- Kohärenz der Entwicklung der Ergebnisse über die Zeit,
- Aktualität der Ergebnisse,
- Auswahl der Gütergruppen und Indikatoren (insb. Preise und Investitionen) und
- Berechnung der Arbeitskräfte und Faktoreinkommen.

Da die Berechnungen des Gesundheitssatellitenkontos erst ab 2005 verfügbar sind, mussten frühere Jahre eigens ermittelt werden. Abweichungen zu Daten des oben genannten Projekts können am aktuellen Rand aufgrund von unterschiedlichen Rechenständen möglich sein (zur letzten verfügbaren Input-Output-Tabelle vgl. Statistisches Bundesamt 2012a; die Zeitreihen zu den volkswirtschaftlichen Eckwerten entsprechen Statistisches Bundesamt 2012b) .

Für Produktivitätsberechnungen ist die Komponente Kapital unverzichtbar. In der GGR werden Anlagevermögen und Kapitalstock bisher nicht berechnet. Diese mussten deshalb aus den Zeitreihen der VGR und einschlägigen Statistiken geschätzt werden. Gleiches gilt für die Darstellung der realen Entwicklung. Da die Preise in der GGR nicht berücksichtigt wurden, musste hier eine eigene Rechnung erstellt werden. Eine weitere – für Produktivitätsberechnungen unerlässliche – Komponente sind die Faktoreinkommen und das Arbeitsvolumen. Das Weiterentwicklungsprojekt zur GGR hat Berechnungen zu Vollzeitäquivalenten vorgenommen. Doch auch hier muss wegen der benötigten Zeitreihe zur Berechnung der Produktivitätsentwicklung von 2002 bis 2010 ein eigenes Verfahren erstellt werden, um die fehlenden Jahrgänge zu ergänzen. Die Homogenität der Ergebnisse muss auch, und insbesondere hier, Berücksichtigung finden. Wo möglich, wurden die Ergebnisse mit der GGR abgeglichen.

Die Input-Output-Tabelle zur Messung der Produktivitätsentwicklung

Im Vergleich zum ersten Projekt zum Satellitenkonto für Deutschland werden die Bereiche »Ausbildung und Forschung« sowie die Produzenten von Bauleistungen der Gesundheitswirtschaft extra ausgewiesen.

Im Vergleich zum GSK-Initialprojekt sind im Kernbereich die medizintechnischen Geräte G_2 und sonstige Waren G_3 als H21 und H22 Medizintechnische Produkte klassifiziert. Bei G_3 handelte es sich um eine kleine

Position, die im Wesentlichen Rollstühle enthielt. Ferner werden im Kernbereich die öffentlichen und privaten Verwaltungsleistungen G_5 und G_6 zu H41 bzw. H42 und H43 bzw. H44. Die Produktionsgrenze des Kernbereichs hat sich nicht verändert und entspricht der internationalen Klassifikation »System of Health Accounts«. Als vorteilhaft für die Aktualisierung erwiesen sich dabei die Rechensysteme der Gesundheitsberichterstattung, die Gesundheitsausgabenrechnung (vgl. Statistisches Bundesamt 2012d) und die Gesundheitspersonalrechnung (vgl. Statistisches Bundesamt 2011b), welche für den Kernbereich der Gesundheitswirtschaft tiefer gegliederte Daten als die Volkswirtschaftlichen Gesamtrechnungen bereitstellen.

Im Erweiterten Bereich wird die Position G_10 Häusliche Dienste der Position E_37 Sonstige Dienstleistungen zugewiesen. Die Positionen G_11 und G_12 wurden weiter aufgegliedert in E11 bis E15 und in der Obergruppe E1 Gesundheitswaren des Erweiterten Bereichs zusammengefasst. Die Gruppe G_12 Dienstleistungen für Sport, Fitness und Wellness wurde zu E_21. Neu ist im Erweiterten Bereich die Aufwertung E4 Gesundheitsrelevante Ausbildung und Forschung (bisher in G_14 enthalten) sowie ein Bereich E5 Gesundheitsrelevante Bauinvestitionen. Durch letzteren Bereich hat sich die Produktionsgrenze des GSK verschoben. Dies wirkt sich auf die Gesamtergebnisse jedoch nur gering aus, da einzelne Positionen des Erweiterten Bereichs im Initialprojekt überschätzt waren. Da im Erweiterten Bereich der Gesundheitswirtschaft kein der Gesundheitsausgabenrechnung vergleichbares Rechenwerk der öffentlichen Statistik vorliegt, wurden hier ausgehend von der Produktgliederung nach GSK 2005, den oben genannten Anpassungen nach BASYS|RHA und WZ 2008 eigene Zeitreihen aus den einschlägigen Statistiken erstellt.

Das Grundgerüst, das GSK 2005, musste auf die neue Gliederung aggregiert werden. Zu beachten ist, dass die Darstellung in der Wirtschaftszweigklassifikation von 2008 erfolgte. Ferner wurden die Kapitalstockrechnung, die Deflationierung sowie die Erwerbstätigenrechnung der Produktivitätsmessung gerechnet und mit dem GSK abgestimmt. Für die Darstellung nach WZ08 mussten die Grundelemente der HIOT 2005 nach WZ08 zusätzlich neu berechnet werden. Hierzu dienten als Berechnungsgrundlage die detaillierten Jahresergebnisse der Volkswirtschaftlichen Gesamtrechnungen und der Gesundheitsgesamtrechnung BASYS|RHA (vgl. BASYS 2012), die bereits auf Daten nach der WZ08 zurückgreift.

Die Umschlüsselung der Nicht-Gesundheitswirtschaft erfordert eine Abstimmung mit den Daten der Gesundheitswirtschaft. Die Neuberechnung der

Vorleistungsverflechtungen für jedes Jahr der Untersuchung ist dabei unerlässlich, da das Hauptaugenmerk auf den eingesetzten Technologien und der
Abstimmung der Hauptaggregaten (Produktion, Vorleistungen, Bruttowertschöpfung, Erwerbstätige, Arbeitnehmerentgelte) liegt. Für die Gesamtwirtschaft können diese aus den detaillierten Jahresergebnissen bezogen werden.
Die Berechnung der Hauptaggregate für die Gesundheitswirtschaft erfolgte getrennt nach BASYS 2012.[1] Durch vorliegende Überleitungsmatrizen
für jedes Aggregat können die Daten aus der Gliederung der Gesundheitswirtschaft in die WZ08 transformiert werden. Mittels einfacher Subtraktion
können somit die Hauptaggregate der Restwirtschaft ermittelt werden.

Zur Berechnung der inländischen HIOT zu Herstellungspreisen fehlen lediglich die Nettogütersteuern sowie die Importe und hier insbesondere die
importierten Vorleistungen. Diese werden vom Statistischen Bundesamt derzeit noch nicht ausgewiesen, so dass hier temporär ein vereinfachtes Verfahren zum Tragen kommt. Die Zahlen für die Gliederung nach WZ08 werden
aus den Zahlen nach WZ03 in der Tiefe von sieben Produktionsbereichen
geschätzt, indem jeweils der dominante Produktionsbereich als Referenzbe-
reich dient. Aufgrund der mit der Umstellung der Wirtschaftszweigklassifikation einhergehenden Revision müssen die Zahlen zusätzlich niveauadjus-
tiert werden. Ebenfalls werden die Konsumausgaben der Gebietsansässigen
in der übrigen Welt berücksichtigt. Ein analoges Vorgehen erfolgt für die
Vorleistungen. Die Koeffizienten aus der Ursprungsmatrix nach WZ03 werden umstrukturiert und mittels RAS-Verfahren und den neuen Aggregaten
auf eine Vorleistungsmatrix nach WZ08 geschätzt.

Aufgrund der zur Verfügung stehenden Zeitreihen aus der Gesundheitsge-
samtrechnung BASYS|RHA beschränkte sich die Fort- bzw. Rückschreibung
auf zentrale Elemente der HIOT und das Auffüllen der Matrizen. Die Berechnung konnte analog zur Berechnung der Ausgangstabelle erfolgen. Als
Ausgangsmatrix wird hier die angepasste Tabelle für 2005 nach WZ08 genutzt.[2]

Erweiterte Gesundheits-Input-Output-Tabelle

Für die Erweiterung der Input-Output-Tabelle um gesundheitliche Effekte wurde auf das erweiterte Input-Output-Modell zurückgegriffen, wie es
Leontief 1970b für die Integration von Umwelteffekten vorgeschlagen hat.

---

[1] Das methodische Vorgehen ist dort ausführlich beschrieben, weshalb an dieser Stelle
    lediglich zusätzliche Arbeiten beschrieben werden.
[2] Zur Methodik siehe Krauss et al. 2009.

Die Matrix A wird hierzu einerseits um Zeilen für die Generierung negativer gesundheitlicher Effekte, d. h. konkret um Koeffizienten erweitert, welche die verlorenen Erwerbstätigkeitsjahre nach Produktionsbereichen anzeigen. Andererseits werden Spalten eingefügt, welche die Inputs für die Gewinnung von zusätzlicher Gesundheit darstellen.

A.2 Berechnung der Produktionswerte nach Krankheiten

Für die »krankheitsbezogene Produktivitätsanalyse« erlauben die Daten des Statistischen Bundesamtes eine Darstellung für den Zeitraum 2002 – 2008. Unter der Verwendung der bei BASYS bereits vorliegenden Fortschreibung der Gesundheitsausgaben-, Gesundheitspersonal- und Krankheitskostenrechnung wird dieser Zeitraum bis 2010 erweitert.

Diese Erweiterung des Betrachtungszeitraums ist für die Beurteilung der Gesundheitswirtschaft von besonderer Bedeutung, da als Folge der Finanzkrise die Jahre 2008 und 2009 untypisch für gesamtwirtschaftliche Aktivitäten und auch für die Gesundheitswirtschaft waren.

A.3 Erweiterte Produktivitätsberechnung

Malmquist-Index

Um den Output-basierten Malmquist-Index für die Produktivitätsveränderung zu definieren, soll angenommen werden, dass für jede Zeitperiode t die Produktionstechnologie S^t die Inputs x^t in Outputs y^t umwandeln kann:[3]

(A.1) $S^t = \{(x^t, y^t) : x^t \text{ kann } y^t \text{ produzieren}\}$

Das bedeutet, die Technologie beinhaltet die Menge aller möglichen Input/Output-Vektoren. Färe 1988 folgend ist die Distanzfunktion des Outputs zum Zeitpunkt t wie folgt definiert:

(A.2)
$$D_o^t(x^t, y^t) = \inf\{(x^t, y^t/\theta) \in S^t\}$$
$$= (\sup\{(x^t, \theta y^t) \in S^t\})^{-1}$$

Die Funktion ist damit als das Reziproke des Maximums an produzierbarem Output bei gegebenen Inputs definiert. Es gilt $D_o^t(x^t, y^t) \leq 1$, wenn und nur wenn $(x^t, y^t) \in S^t$.

---

[3] In der weiteren Darstellung folgen wir in diesem Abschnitt Färe et al. 1994.

Abbildung A.1: Ineffiziente Produktionsmenge (Ausgangsbedingung)

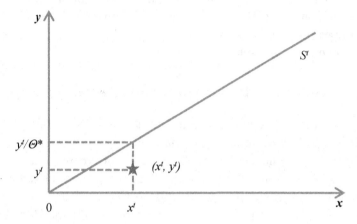

Quelle: Eigene Darstellung nach Färe et al. 1994.

Für eine Technologie mit konstanten Skalenerträgen mit einem Input und einem Output ist die Situation in Abbildung A.1 dargestellt. Die dargestellte Produktion des Outputs y mit dem Input x zum Zeitpunkt t ist offenbar nicht (technisch) effizient, da mit dem gleichen Input ein höherer Output (y^t/θ^*) erreichbar wäre.

Für die Distanzfunktion erhält man somit $0y^t/0(y^t/\theta^*)$. Zusätzlich ist das Distanzmaß $D_o^t(x^t, y^t) = 1$, wenn und nur wenn (x^t, y^t) auf der Grenze der Technologiefront liegt. Nach Farrell 1957 ist die Produktion in diesem Fall technisch effizient.

Es sei nun angenommen, dass sich die Produktionstechnologie zum Zeitpunkt t+1 nach außen verschiebt, d. h. die maximal mögliche Produktion bei gegebenem Input erhöht sich (siehe Abbildung A.2).

Für die Berechnung des Malmquist-Produktivitätsindex benötigt man nun Distanzfunktionen mit zwei unterschiedlichen Zeitperioden:

(A.3) $D_0^t(x^{t+1}, y^{t+1}) = \inf\{\theta : (x^{t+1}, y^{t+1}/\theta) \in S^t\}$

Diese Distanzfunktion misst die maximale proportionale Veränderung im Output, die notwendig ist, um (x^{t+1}, y^{t+1}) mit der Produktionstechnologie

Abbildung A.2: Ineffiziente Produktionsmenge (nach Technologieveränderung)

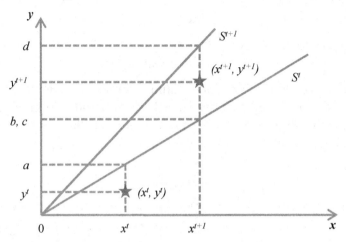

Quelle: Eigene Darstellung nach Färe et al. 1994.

zum Zeitpunkt t zu ermöglichen. In der Abbildung A.2 entspricht das Streckenverhältnis $(Oy^{t+1})/(Ob)$ dieser Distanz. In gleicher Weise lässt sich die Distanzfunktion für die Technologie zum Zeitpunkt t+1 in Beziehung zur Produktion (x^t, y^t) definieren:

(A.4) $\quad D_0^{t+1}(x^t, y^t) = \inf\{\theta : (x^t, y^t/\theta) \in S^{t+1}\}$

Die Distanzfunktion in (4) entspricht damit dem Streckenverhältnis $(Oy^t)/(Oc)$. Mit der Technologie zum Zeitpunkt t als Referenztechnologie ist der Malmquist-Index dann wie folgt definiert:

(A.5) $\quad M^t = \dfrac{D_0^t(x^{t+1}, y^{t+1})}{D_0^t(x^t, y^t)}$

Alternativ kann man auch die Technologie zum Zeitpunkt t+1 als Basistechnologie definieren. In diesem Fall erhält man den Malmquist-Index als:

(A.6) $\quad M^{t+1} = \dfrac{D_0^{t+1}(x^{t+1}, y^{t+1})}{D_0^{t+1}(x^t, y^t)}$

Der Malmquist-Produktivitätsindex wird schließlich aus dem geometrischen Mittelwert beider Indizes berechnet, um so unabhängig von einer bestimmten Basisperiode zu sein:

$$(A.7) \quad M_o(x^{t+1}, y^{t+1}, x^t, y^t) = \frac{D_0^{t+1}(x^{t+1}, y^{t+1})}{D_0^{t+1}(x^t, y^t)}$$

Der Malmquist-Produktivitätsindex kann in zwei Komponenten zerlegt werden, die für die Interpretation der Ursachen von Produktivitätsveränderungen wichtig sein können. Nach Färe et al. 1989 und 1992 lässt sich der Index auch schreiben als:

$$
\begin{aligned}
M_o(x^{t+1}, y^{t+1}, x^t, y^t) &= \frac{D_0^{t+1}(x^{t+1}, y^{t+1})}{D_0^{t+1}(x^t, y^t)} \\
&\times [(\frac{D_0^t(x^{t+1}, y^{t+1})}{D_0^{t+1}(x^t, y^t)})(\frac{D_0^t(x^t, y^t)}{D_0^{t+1}(x^t, y^t)})]^{1/2}
\end{aligned}
$$
(A.8)

Der erste Term misst dabei die relative Effizienzveränderung zwischen den Perioden t und t+1, d. h. wie sich der Abstand der beobachteten Produktion zur maximal möglichen Produktion verändert hat. Der Ausdruck in der eckigen Klammer kann hingegen – gegeben der getroffenen Annahmen[4] – als *technologische Veränderung* interpretiert werden. Er ist damit gleichzeitig ein Maß für Innovation in einem bestimmten Produktionsprozess.

In der Praxis lässt sich der Malmquist-Produktivitätsindex zur Messung der Multifaktorproduktivität auf unterschiedlichen Wegen berechnen. Zum einen können *parametrische Verfahren* verwendet werden, die ihren Ausgangspunkt in der Spezifizierung einer Produktionsfunktion haben. Zum anderen können *nichtparametrische Verfahren* genutzt werden. Diese Verfahren benötigen keine Spezifizierung einer Produktionsfunktion. Ein mögliches nichtparametrisches Verfahren ist die *Data Envelopment Analysis (DEA)*, die auch hier verwendet werden soll.

Für die Berechnung des Malmquist-Index sind k Beobachtungen für zwei Zeitperioden t und t+1 für n Inputs und m Outputs notwendig. Will man beispielsweise die Multifaktorproduktivität der Pharmabranche über den Malmquist-Ansatz berechnen, bräuchte man Daten von k Pharmaunternehmen – jeweils zum Zeitpunkt t und zum Zeitpunkt t+1. Die Anzahl k hängt

---

[4] Siehe hierzu Abschnitt 5.4

dabei von der Anzahl der betrachteten Inputs und Outputs ab. Prinzipiell kann davon ausgegangen werden, dass bei diesem nichtparametrischen Verfahren weniger Beobachtungen notwendig sind, als bei parametrischen Verfahren.

Ein Vorteil der DEA – und damit der Berechnung des Malmquist-Index – liegt in der Möglichkeit, ausschließlich Mengen für die Messung der In- und Outputs verwenden zu können, so dass Preisentwicklungen nicht berücksichtigt werden müssen. Allerdings werden in der Realität für manche In- und Outputs nur die Kombinationen aus Preis und Menge (z. B. Produktionswerte, Gesundheitsausgaben, Investitionsausgaben) verfügbar sein, so dass auch in diesen Fällen eine adäquate Preisbereinigung notwendig ist.

Geht man – wie in dieser Studie – von aggregierten Daten aus, ist die Berechnung der Multifaktorproduktivität über den Malmquist-Index schwieriger. Denn es können nun nicht mehr k Firmen in einer Branche zu einem Zeitpunkt betrachtet werden. Je nach Datenverfügbarkeit ergeben sich aber zwei unterschiedliche Möglichkeiten der Berechnung. Zum einen könnte man auf differenzierte räumliche Aggregationsebenen zurückgreifen – beispielsweise auf Bundeslandebene. In diesem Fall wäre k nicht mehr die Anzahl der Firmen einer Branche, sondern die Anzahl der Bundesländer. Es ist eine empirische Aufgabe zu prüfen, ob dies – stets unter der Voraussetzung einer hinreichenden Datenverfügbarkeit – ein gangbarer Weg ist. Zum anderen könnte man vereinfachend annehmen, dass sich die Wirtschaftszweige der GW durch eine gemeinsame Produktionstechnologie abbilden lassen. In diesem Fall hätte man je Zeitperiode genügend Beobachtungen, um eine Effizienzfront bilden zu können. Die Annahme einer gemeinsamen Produktionsfunktion aller strukturell und institutionell höchst verschiedenen Sektoren der GW erscheint jedoch als nicht vertretbar.

Törnqvist-Index

Um Gemeinsamkeiten und Unterschiede zwischen dem Törnqvist- und dem Malmquist-Index betrachten zu können, wird der Törnqvist-Index ebenso von den Distanzfunktionen hergeleitet:

Zunächst soll – wie in der Produktionstheorie üblich – von einer Cobb-Douglas-Produktionsfunktion ausgegangen werden (WIFO 2006):

$$(A.9) \quad y^t = A(t) \prod_{n=1}^{N} (x_n^t)^{\alpha_n} \quad (\alpha_n > 0)$$

In diesem Fall erhält man für die Distanzfunktion zum Zeitpunkt t:

$$D_0^t(x^t, y^t) = \inf\{\theta : y^t/\theta \le A(t) \prod_{n=1}^{N} (x_n^t)^{\alpha_n}\}$$

(A.10)
$$= \inf\{\theta : y^t/A(t) \prod_{n=1}^{N} (x_n^t)^{\alpha_n} \le \theta\}$$

$$= \inf\{\theta : y^t/A(t) \prod_{n=1}^{N} (x_n^t)^{\alpha_n}\}$$

Setzt man diese Distanzfunktion und die anderen Cobb-Douglas-Distanz-funktionen in die Formel für den Malmquist-Index (A.7) ein, so erhält man:

$$(A.11) \quad M_o(x^{t+1}, y^{t+1}, x^t, y^t) = \left[\frac{y^{t+1}}{\prod_{n=1}^{N}(x_n^{t+1})^{\alpha_n}}\right]\left[\frac{\prod_{n=1}^{N}(x_n^t)^{\alpha_n}}{y^t}\right]$$

Unter Verwendung von (A.9) kann der Malmquist-Index schließlich wie folgt geschrieben werden:

$$(A.12) \quad M_o(x^{t+1}, y^{t+1}, x^t, y^t) = \frac{A(t+1)}{A(t)}$$

Dieser Index ist äquivalent zu der allgemeineren Formulierung von Solow 1957. Dort wird der Ausdruck $\frac{A(t+1)}{A(t)}$ durch die erste Ableitung von (A.9) nach der Zeit gebildet und anschließend mit y durchmultipliziert.[5]

$$(A.13) \quad \ln\left(\frac{A(t+1)}{A(t)}\right) = \ln\left(\frac{y^{t+1}}{y^t}\right) - \sum_{n=1}^{N} \alpha_n \ln\left(\frac{x^{t+1}}{x^t}\right)$$

Der Ausdruck in (A.13) wird auch als Törnqvist-Index bezeichnet. Er misst die eingeführte Totale Faktorproduktivität bzw. Multifaktorprodukti-vität. Obwohl diese Formulierung analog der Zerlegung des Malmquist-Index ist, gibt es – wie bereits angedeutet – zwei bedeutsame Unterschiede. Zum

---

[5] Diese Lösung ergibt sich gleichsam bei Heranziehung des Euler-Theorems.

einen muss explizit eine Produktionsfunktion spezifiziert werden. Zum anderen ist keine Unterscheidung zwischen beobachteten und maximal möglichen Output möglich. Daher wird dieser Index der Multifaktorproduktivität beim Vorhandensein von Ineffizienzen in der Produktion eine verzerrte Schätzung der technologischen Veränderung geben.

Bezogen auf die Darstellung in Abbildung A.2 bedeutet das Ignorieren von Ineffizienzen, dass die Technologiefront immer durch die beobachteten Punkte (x^t, y^t) und (x^{t+1}, y^{t+1}) in den Perioden t und t+1 geht. Produktivität ist dann ein Synonym für technologische Veränderung. Diese Veränderung wird in diesem Fall ausschließlich als Veränderung der Performance – unter Berücksichtigung der Veränderungen bei den verwendeten Inputs – gemessen.

Allerdings bietet letzterer Ansatz auch einen entscheidenden Vorteil: Während beim Malmquist-Ansatz zwingend mehrere Beobachtungen pro Zeitperiode erforderlich sind, um die Effizienzfront berechnen zu können, reicht beim traditionellen Ansatz nach Gleichung (A.13) eine Beobachtung pro Zeitperiode aus, um Aussagen zum Wachstum in einer Branche zu machen. Beide Ansätze haben damit für unterschiedliche Fragestellungen ihre Berechtigung, es sind jedoch beide stets auf eine methodisch korrekte Definition und Messung von Outputs und Inputs angewiesen, die im folgenden Abschnitt näher besprochen werden soll.

EU KLEMS Growth and Productivity Accounts

Das von der EU-Kommission finanzierte Projekt *EU KLEMS* (präzise: EU KLEMS Growth and Productivity Accounts) stellt eine umfassende Datenbank mit In- und Outputindikatoren sowie Berechnungen zur Multifaktorproduktivität für 72 Industriezweige aus den EU-25-Staaten, Japan sowie den USA zur Verfügung.[6] Sie enthält neben allein deskriptiven Daten damit auch Daten analytischer Natur, die – wie nachfolgend dargestellt – auf bestimmten Annahmen und Methodiken in Anknüpfung an die oben eingeführte Theorie beruhen (O'Mahony, Timmer 2009).

Methodisch greift EU KLEMS auf den Törnqvist-Index und damit auf die Idee der Wachstumszerlegung (growth accounting)[7] zurück (O'Mahony, Timmer 2009). Die Wachstumszerlegung erlaubt es, wie bereits oben ausgeführt wurde,[8] die relative Bedeutung der eingesetzten Inputs – Arbeit,

---

[6] Abrufbar unter der Internetseite `http://www.euklems.net`.
[7] Siehe dazu bereits Abschnitt 5.3.
[8] Zur Interpretation der Multifaktorproduktivität siehe ebenso Abschnitt 5.3

Kapital und Vorleistungen – zum Wachstum einer Branche oder Industrie zu analysieren (sogenannte Faktoranteile). Zudem ist es möglich, Maße für die Multifaktorproduktivität als nicht durch Inputs erklärbares Residuum der Outputentwicklung herzuleiten.

Neben dieser Spezifizierung der Faktoranteile v ist für die Berechnung der einzelnen Wachstumsbeiträge die korrekte und differenzierte Messung der Outputs und Inputs notwendig.

Output: Durch die Einbeziehung von Vorleistungen liefert EU KLEMS nicht nur Aussagen zur Multifaktorproduktivität auf Wertschöpfungs- (value added), sondern auch auf Produktionswertbasis (gross output).[9] Letztere sind in der EU KLEMS-Datenbank aufgrund methodischer Probleme – insbesondere der Nichtverfügbarkeit detaillierter sektoraler Input-Output-Tabellen und der mangelnden Vergleichbarkeit zwischen verschiedenen Staaten – jedoch nur auf der niedrigstmöglichen Industriezweigebene verfügbar. Idealerweise sollte die Aufgliederung des Outputs auf Produktionswertbasis (gross output) als sektorale Outputmessung erfolgen und dabei intrasektorale Vorleistungen herausgerechnet werden, da auf diese Weise der exogene technologische Wandel näherungsweise am besten bestimmt werden kann (OECD 2001). Bei der methodisch einfacheren Messung auf Wertschöpfungsbasis bleibt dagegen die Schätzung mit den oben eingeführten produktionstheoretischen Überlegungen konsistent (Hulten 2001, WIFO 2006, O'Mahony, Timmer 2009).

Auf der Inputseite werden sowohl der Faktor Kapital als auch die Faktoren Arbeit und Vorleistungen in konsequenter Fortsetzung der Wachstumszerlegungsstrategie weiter disaggregiert:

Kapital: Ein Alleinstellungsmerkmal der EU KLEMS-Methode ist die Aufgliederung des Faktors Kapital nach Kapitalarten und -industrien und seine Messung als Inanspruchnahme von Kapitalgütern (capital services) und nicht die Messung des Kapitalstocks (capital stock). Auf diese Weise kann der unterschiedlichen Produktivität einzelner Kapitalgüter Rechnung getragen werden (Arnaud et al. 2011a). In den Kapital-Index des EU KLEMS fließen – jeweils gewichtet mit den relativen, jeweiligen Nutzerkosten[10] – insgesamt 3 ICT-Güter (Computerausstattung, Kommunikationstechnologien, Software) sowie 4 Nicht-ICT-Güter (Maschinen, Fahrzeuge, Wohn- und

---

[9] Vgl. zur Unterscheidung beider Ansätze Balk 2003; WIFO 2006.

[10] Diesen Ansatz beschreiben ausführlich O'Mahony und Timmer 2009. Auch die jeweils für die einzelnen Produktionsfaktoren gebildeten Gewichte addieren sich zu eins.

Nichtwohngebäude) ein. Die Vermögenswerte der ICT-Branche werden dabei mit einem qualitätsadjustierten Investitionsdeflator bereinigt und mit Hilfe der Perpetual Inventory-Methode (PIM) der vorhandene Kapitalstock der Güterklasse geschätzt.

Arbeit: Auch für den Faktor Arbeit wird innerhalb der EU KLEMS-Konzeption ein Indexwert gebildet. Um etwa die unterschiedlichen Beiträge hoch- und niedrigqualifizierter Beschäftigter zur Produktivitätsentwicklung abgrenzen zu können, müssten diese – gewichtet mit ihrem relativen Anteil an der Gesamtlohnsumme – in den Indexwert eingehen.[11] Hierfür wird für jede Arbeitsgruppe zunächst deren Anteil an der Gesamtlohnsumme aller Gruppen bestimmt und dieser Anteil mit dem Lohnsummen- oder Arbeitsstundenwachstum der Gruppe multipliziert. Aus der Addition aller auf diese Weise gebildeten Produkte ergibt sich der Gesamt-Törnqvist-Index für die Löhne.[12] EU KLEMS geht über diese grundsätzliche Überlegung noch hinaus und bildet aus insgesamt 18 Beschäftigungstypen (3 * 2 * 3: Qualifikationsgrade, Geschlechter, Altersgruppen) einen stark verfeinerten Indexwert.[13] Für die Vergütung von Selbständigen wird die Vergütungshöhe von Angestellten unterstellt.

Vorleistungen: Es werden auch die Vorleistungen im Konzept des EU KLEMS zerlegt in (1) Energie sowie (2) andere Vorleistungsgüter und (3) -dienstleistungen. Vorleistungen können sowohl von inländischen Produzenten als auch vom Ausland zur Verfügung gestellt werden.

Multifaktorproduktivität: Schließlich kann aus den vorhandenen Daten die Multifaktorproduktivität als Indikator für technologischen Wandel berechnet werden. In Ergänzung der bereits eingangs vorgenommenen Anmerkungen[14] legen die im Rahmen der EU KLEMS-Berechnungen oftmals als negativ ermittelten Werte der Multifaktorproduktivität nahe, diese keinesfalls ausschließlich als Einfluss des exogenen technologischen Wandels zu interpretieren. Die Multifaktorproduktivität enthält vielmehr als Residuum sämtliche, nicht vom In- und Output erfassten Effekte wie organisatorische und institutionelle Veränderungen, unmessbare Inputs (Forschung und Entwick-

---

[11] Dieser Ansatz unterstellt, dass die Beschäftigten in Höhe ihrer marginalen Produktivität entlohnt werden.

[12] Dieser Ansatz unterstellt, dass die Beschäftigten in Höhe ihrer marginalen Produktivität entlohnt werden.

[13] Timmer, O'Mahony und van Ark 2007 weisen auf größere Probleme hinsichtlich der Gewinnung dieser Daten hin.

[14] Siehe bereits Abschnitt 5.3.

lung), kurzfristige Anpassungsrestriktionen der Faktoreinsatzmengen, vor allem aber Messfehler in In- und Output (WIFO 2006), z. B. durch Unter- oder Überschätzung der Qualitätsentwicklung sowie sämtliche Effekte, die aus einer Abweichung der Realität von den neoklassischen Annahmen des dargelegten Konzeptes resultieren wie Externalitäten, Skaleneffekte, »Herdentrieb« u. ä. (näher noch O'Mahony, Timmer 2009). Gerade im Umfeld unvollständiger Märkte sollte daher die Interpretation der Multifaktorproduktivität äußerst sorgsam erfolgen. Wird die Multifaktorproduktivität auf Produktionswertbasis ermittelt, sind zudem branchenübergreifende Interaktionseffekte zu berücksichtigen, da Produktivitätsveränderungen einer Branche über den Faktor Vorleistungen stets zugleich auch auf andere Branchen wirken (WIFO 2006).

Für ein eingehendes Verständnis der Analytik von EU KLEMS kann an die in Abschnitt 7.3 getroffenen Überlegungen nahtlos angeknüpft werden. Unter der Annahme vollkommenen Wettbewerbs und konstanter Skalenerträge kann das Wachstum in einer Industrie j – in Abwandlung von Gleichung (A.13) – als gewichtetes Wachstum der Inputs und der Multifaktorproduktivität dargestellt werden. Im Unterschied zu (13) werden jetzt die Inputfaktoren spezifiziert (x – Vorleistungen, K – Kapital, L – Arbeit, A – Multifaktorproduktivität):[15]

$$(A.14) \quad \Delta \ln y_{jt} = v_{jt}^x \Delta \ln x_{jt} + v_{jt}^K \Delta \ln K_{jt} + v_{jt}^L \Delta \ln L_{jt} + \Delta \ln A_{jt}$$

Durch Umstellung von Gleichung (A.14) erhält man die Multifaktorproduktivität als Differenz aus der Wachstumsrate des Outputs und den (gewichteten) Wachstumsraten der verwendeten Inputs:

$$(A.15) \quad \Delta \ln A_{jt} = \Delta \ln y_{jt} - v_{jt}^x \Delta \ln x_{jt} - v_{jt}^K \Delta \ln K_{jt} - v_{jt}^L \Delta \ln L_{jt}$$

Diese Gleichungen beschreiben die Wachstumszerlegung der Wachstumsrate des Outputs vollständig. Die einzelnen Faktoranteile v addieren sich auf zu eins (Timmer, O'Mahony und van Ark 2007). Ihre Spezifizierung kann durch direkte Parametrisierung oder durch Schätzung der Funktion in Gleichung (A.14) erfolgen. Im letzteren Fall würden die Koeffizienten die

---

[15] Im Folgenden wird den Darstellungen von Timmer, O'Mahony und van Ark 2007 sowie O'Mahony und Timmer 2009 gefolgt.

Faktoranteile repräsentieren und das Residuum die Multifaktorproduktivität angeben. Allerdings benötigt dieses Verfahren wiederum genügend lange Zeitreihen für die In- und Outputs. Im Falle der direkten Parametrisierung geht man von Gleichung (A.15) aus und spezifiziert die Faktoranteile als Zwei-Jahres-Mittelwert der Kostenanteile jedes Inputfaktors in den Jahren t und t-1 (siehe beispielsweise BLS 2011). Neben dieser Spezifizierung der Faktoranteile v ist für die Berechnung der einzelnen Wachstumsbeiträge die korrekte und differenzierte Messung der Outputs und Inputs notwendig.

Effektive Multifaktorproduktivität

In der regelmäßig angewendeten, traditionellen Multifaktorproduktivitätsmessung bzw. Wachstumszerlegung werden die Vorleistungen als Aggregat und exogener Produktionsfaktor behandelt. Ausgeblendet wird unter dieser vereinfachenden Annahme, dass sich Sektoren auch unmittelbar selbst und mittelbar über andere Sektoren beliefern. Diese intersektoralen Verknüpfungen führen dazu, dass Produktivitätsänderungen eines Sektors j direkt (Vorleistungen von j an j) und indirekt (einfachste Variante: Vorleistungen von j an i, von i an j) Rückwirkungen auf den Inputfaktor Vorleistungen von j hat. Eine Vernachlässigung dieser Verknüpfungen führt zu einer Unterschätzung in der »traditionellen« Messung der Multifaktorproduktivität (MFP) (Kurado, Nomura 2008).

Aufgrund der vorliegenden Datenstruktur in Form von Input-Output-Tabellen kann speziell im Rahmen dieser Untersuchung eine methodische Erweiterung der traditionellen Multifaktorproduktivitätsmessung vorgenommen werden, die deutlich über sämtliche dargestellten Referenzkonzepte, z. B. EU KLEMS, hinausgeht. Im Kern dieser Weiterentwicklung steht die Berücksichtigung intersektoraler Vorleistungsverknüpfungen; die Input-Output-Struktur in den verwendeten Daten erlaubt über eine Zerlegung der Vorleistungen eine Identifizierung dieser Verknüpfungen. Aus der Vorleistungsmatrix wird hierzu die Leontief-Inverse (Leontief 1970a) abgeleitet.[16] Diese beschreibt die durch Erhöhung der Endnachfrage um 1 Einheit j über sämtliche Vorleistungsverknüpfungen induzierte Produktionswertsteigerung der Gesamtwirtschaft. Über die Leontief-Inverse werden auf diese Weise die vollständigen Wertschöpfungseffekte einer Produktivitätsänderung abgebildet.

---

[16] Auf eine mathematische Darstellung wird hier verzichtet. Siehe dazu etwa Kurado, Nomura 2008.

Tabelle A.1: Leontief-Inverse (6 x 6), 2010

		NGW		KGW		EGW	
		Waren, und Handel	Dienst-leis-tungen	Waren, und Handel	Dienst-leis-tungen	Waren, und Handel	Dienst-leis-tungen
NGW	Waren, Handel	1,537	0,153	0,339	0,134	0,514	0,148
	Dienstleistungen	0,236	1,346	0,224	0,170	0,261	0,160
KGW	Waren, Handel	0,001	0,000	1,017	0,036	0,002	0,006
	Dienstleistungen	0,001	0,002	0,003	1,024	0,001	0,006
EGW	Waren, Handel	0,002	0,001	0,005	0,012	1,026	0,011
	Dienstleistungen	0,003	0,003	0,013	0,007	0,004	1,064
Summe		1,779	1,506	1,601	1,382	1,807	1,395

Quelle: Eigene Berechnungen.

Mathematisch wird dieser Zusammenhang durch Matrizenmultiplikation des »traditionell« ermittelten Wertes der Multifaktorproduktivität mit der Leontief-Inversen übersetzt. Hierdurch ergibt sich eine »effektive Multifaktorproduktivität« (eMFP) (Aulin-Ahmavaara 1999),[17] die nicht mehr allein ein Residuum darstellt und in ihren Ergebnissen mitunter nicht unwesentlich von der traditionellen Messung (MFP) abweicht. In Vektorenschreibweise[18] lässt sich die eMFP in der Periode t darstellen als:

(A.16) $\overline{eMFP_t} = \overline{\ln \Delta A_t^y} L$

Die Matrix L sei die Leontief-Inverse und $\ln \Delta A_t^y$ die Wachstumsrate des technischen Fortschritts (Multifaktorproduktivität) dar.

Die mit den Grundstrukturen des Gesundheitssatellitenkontos gegebene Input-Output-Struktur erlaubt insgesamt eine deutlich präzisere Messung der Multifaktorproduktivität als in vergleichbaren Konzepten, die sich auf eine Wachstumszerlegung und Ermittlung der »traditionellen« MFP beschränken. Bisher bestehen nur wenige Arbeiten, die eine solche methodische Erweiterung vornehmen konnten (z. B. für die japanische Wirtschaft: Kurado, Nomura 2008), was auf die regelmäßige Nichtverfügbarkeit der zur

---

[17] Für eine ausführliche mathematische Darstellung wird auf Aulin-Ahmavaara 1999 verwiesen.

[18] Parameter mit Überstrich stellen Vektoren dar.

Ermittlung einer eMFP notwendigen Input-Output-Datenstruktur zurück-geführt werden kann. Eine derart tiefgegliederte Analyse nach Subsektoren wie im Rahmen dieser Untersuchung wurde nach Kenntnis der Autoren bis-her daher noch überhaupt nicht durchgeführt. Die Datenbasis des Gesund-heitssatellitenkontos ermöglicht neben einer Vielzahl inhaltlicher Befunde zugleich Anknüpfungspunkte für eine umfassende methodische Fortentwick-lung der Produktivitätsmessung.

Dynamische Multifaktorproduktivitätsmessung

Im Wege der Endogenisierung des Faktors Kapital wäre nach der Be-rücksichtigung der Vorleistungsverknüpfungen eine zweite Weiterentwick-lung denkbar. Hierbei würde es sich um eine Dynamisierung der Produk-tivitätsmessung handeln. Dynamische Input-Output-Modelle unterscheiden sich von den bisher dargestellten statischen Modellen durch die explizite Be-rücksichtigung des Zeitfaktors. Der Output der laufenden Periode dient nicht nur der Verwendung in der laufenden, sondern auch in der zukünftigen Pe-riode. Zur Dynamisierung der HIOT muss jedoch die Investitionsnachfrage der Gesundheitswirtschaft eigens dargestellt werden. Stellt man die Investi-tionen als Veränderung des Kapitalbestandes zweier Perioden dar, wird die HIOT über den Zeitverlauf dynamisiert und die Kapazitätseffekte der Inves-titionen können verdeutlicht werden. Damit der technische Fortschritt nicht ausgeschlossen wird, darf in diesem Modell keine Strukturinvarianz voraus-gesetzt werden. Diese Invarianz ist eine beliebte Annahme zur Erleichterung der Dynamisierung und zur statistischen Ermittlung der Koeffizienten.

Die skizzierte Dynamisierung über die Zeit ermöglichte zugleich die Be-rechnung einer dynamischen Multifaktorproduktivität (dMFP) bzw. »ful-ly effective rate« (Aulin-Ahmavaara 1999). Einziger exogener Produktions-faktor wäre nach der Endogenisierung von Kapital der Faktor Arbeit. Der Wünschbarkeit einer derartigen Messung stehen jedoch bis dato nicht über-brückbare Datenrestriktionen entgegen. Die vom Jahr 2002 bis 2010 laufen-de Zeitreihe, wie sie im Rahmen dieser Untersuchung zur Verfügung steht, ist deutlich zu kurz für die Darstellung einer dynamischen Produktivitäts-entwicklung. Hierfür ist ein »Vorlauf« von mindestens rund 10 Jahren not-wendig (Kurado, Nomura 2008), nach dem sich erstmals eine dynamische MFP-Berechnung (und dann allein für das 11. Jahr) durchführen ließe. Die Messung einer dynamischen Multifaktorproduktivität setzt eine umfassende Datenbasis sowie deutlich längere Zeitreihen voraus.

Auch ohne eine Endogenisierung des Faktors Kapital bzw. Dynamisierung wurde jedoch mit der beschriebenen Vorleistungsberücksichtigung (effektive Multifaktorproduktivität – eMFP) eine umfassende und ausgereifte methodische Erweiterung der herkömmlichen MFP-Messung vorgenommen, die die tatsächliche Produktivitätsentwicklung in den Sektoren der GW deutlich präziser als bisher abzubilden vermag und die methodisch weit über den Großteil bisher vorgelegter Konzepte hinausgeht.

OECD Productivity Database by Industry (PDBi)

Die OECD stellt seit dem Jahr 2003 mit der OECD Productivity Database (PDB) Daten zur Produktivitätsentwicklung für 20 Staaten auf gesamtwirtschaftlicher Ebene zur Verfügung. Seit 2008 liegen durch die erweiterte PDBi zudem Produktivitätsdaten auf Industriezweig-Ebene für 19 Staaten für die Jahre nach 1990 vor (Arnaud et al. 2011a).[19] Die OECD bedient sich dabei eines im Vergleich zu EU KLEMS stark vereinfachten Modellrahmens. Vorteilhaft ist hierbei, dass infolge der Wahl entsprechend angepasster Daten und der Verwendung von Kosten- anstelle von Einkommens-Anteilen[20] die neoklassischen Annahmen eines vollständigen Wettbewerbs, keinerlei Skaleneffekte u. ä. fallen gelassen werden.

Output: Die im Rahmen dieser Datenbanken bereitgestellten Berechnungen zur Multifaktorproduktivität beruhen im Gegensatz zur EU KLEMS-Methode vollständig auf der methodisch einfacheren Wertschöpfungsbasis.

Arbeit: Der Faktor Arbeit wird in der OECD-Methodik nicht weiter disaggregiert (»unadjusted«). Herangezogen werden daher die Gesamtarbeitsstunden einer Branche oder hilfsweise als Proxy die Gesamtarbeitsstunden der Arbeitnehmer. Selbständige gehen ähnlich wie bei EU KLEMS mit dem durchschnittlichen Arbeitnehmerverdienst inklusive sämtlicher Lohnkosten ein.

Kapital: Die PDBi-Datenbank verwendet, anders als EU KLEMS (oder auch die PDB auf gesamtwirtschaftlicher Ebene), den Netto-Kapitalstock und nicht Kapitalleistungen zur Messung des Faktors Kapital. Eingeräumt wird, dies sei lediglich eine Second-Best-Lösung, die zu einer Unterschätzung des Kapitalbeitrags und damit einer Überschätzung der Multifaktorproduktivität führen könnte (Arnaud et al. 2011a).

---

[19] Jeweils abrufbar unter der Internetseite `http://www.oecd.org/std/productivitystatistics/`.

[20] Siehe dazu Arnaud et al. 2011b, die die Verwendung von cost shares anstelle von revenue shares bei der Schätzung der Anteile von Kapital und Arbeit in der Produktionsfunktion betonen.

Vorleistungen: Infolge der Wertschöpfungsbasierung des Ansatzes finden in der OECD-Schätzung der Multifaktorproduktivität die Vorleistungen explizit keine Berücksichtigung.

Multifaktorproduktivität: Empirisch zeigen sich beim OECD-Ansatz im Vergleich zu EU KLEMS deutlich höhere Werte der Multifaktorproduktivität, die auf die dargestellte, nur teilweise erfolgte Berücksichtigung des Faktors Kapital zurückgeführt werden können. Infolge des Wertschöpfungsansatzes ist die Multifaktorproduktivität nach der OECD jedoch nur eingeschränkt mit den auf Produktionswert basierenden Ergebnissen von EU KLEMS vergleichbar.[21] Als vorteilhaft erweist sich dagegen die oben angesprochene Messung der Faktoranteile als Kostenanteile und die eigenständige Messung der Kapitalkomponente (Arnaud et al. 2011b). Die von der OECD vorgelegte Multifaktorproduktivität ist damit unabhängig von der sonst üblichen Annahme eines vollständigen Wettbewerbs, und kann somit auch für weniger wettbewerbliche Märkte – jedoch unter den dargestellten Vorbehalten – interpretiert werden.

BLS Multifactor Productivity Measures

Zwei umfassende Datenbanken hat das US-amerikanische Bureau of Labor Statistics (BLS) mit den BLS Multifactor Productivity Measures vorgelegt. Ein erster Datensatz stellt Berechnungen zur Multifaktorproduktivität in volkswirtschaftlichen Hauptsektoren (major sectors) auf Wertschöpfungsbasis, ein zweiter Datensatz Berechnungen zur Multifaktorproduktivität in 18 Zweigen der verarbeitenden Industrie (manufacturing industries) auf Produktionswertbasis zur Verfügung (BLS 2007). Im Folgenden soll sich dem zweiten, produktionswertbasierten Ansatz zugewendet werden.[22]

Output: Der Output wird in der Methode des BLS als Output der Wirtschaftszweige bereinigt um Preisänderungen gemessen. Hierzu werden die nominalen Werte disaggregiert, auf dem niedrigst möglichen Level teilweise mit Hilfe von Verbraucherpreis-, teilweise mit Hilfe von Erzeugerpreisindizes deflationiert und schließlich in der Törnqvist-Methode reaggregiert. Wo möglich, wurde zudem der physische Output (Mengeneinheiten) zu Indizes aggregiert. Dies betraf etwa die Sektoren Bergbau, Energie oder das Post-

---

[21] Der instruktiven Klassifikation von OECD 2001 folgend kann die Multifaktorproduktivität nach dem OECD-Ansatz als »Capital-labour MFP (based on value added)«, die Multifaktorproduktivität nach EU KLEMS als »KLEMS multi-factor productivity« kategorisiert werden.

[22] In den folgenden Ausführungen wird BLS 2011 sowie BLS 2007 gefolgt.

wesen.

Arbeit: Im BLS-Ansatz wird der Inputfaktor Arbeit als Gesamtarbeitsstunden aller in der jeweiligen Branche beschäftigten Personen gemessen. Hierunter fallen Selbständige, Arbeitnehmer sowie nicht entlohnte Familienmitglieder in Unternehmen. Im Gegensatz zu EU KLEMS nimmt das BLS keine weitere Disaggregation des Faktors Arbeit vor.

Kapital: Der Inputfaktor Kapital bestimmt sich in der Methodik des BLS analog des EU KLEMS-Ansatzes als Kapitalleistungen (capital services), dem »flow of services from the physical stock of capital«. Der Kapitalstock wird als realer Kapitalstock (nur Nicht-Finanzkapital) unter Anwendung der Perpetual Inventory-Methode gebildet. Durch die Einbeziehung hyperbolischer Alters-Effizienz-Kurven wird die Effizienzveränderung von Kapitalgütern über ihren Lebenszyklus berücksichtigt (detaillierter hierzu BLS 2011). Insgesamt gehen in den als Törnqvist-Index gebildeten Kapitalindex 25 Güterklassen von Ausrüstungsgütern, 2 Güterklassen von Nicht-Wohnhäusern, 3 Güterklassen von Lagerbeständen sowie die Güterklasse Boden ein.

Vorleistungen: Als Vorleistungen werden vom BLS Vorleistungsgüter, Vorleistungsdienstleistungen und Energie unterschieden, für die wiederum ein gewichteter Törnqvist-Index gebildet wird. Analog zum EU KLEMS-Ansatz werden intrasektorale Vorleistungen zudem herausgerechnet.

Multifaktorproduktivität: Die Relativgewichte (Faktoranteile) aller Faktoren werden als Anteil an den Gesamtkosten für jeden Input gemessen, wobei der Kapitalanteil als Residuum ermittelt wird.

UK Centre for the Measurement of Government Activity (UKCeMGA)

Ein speziell für den Gesamtsektor des Gesundheitswesens zugeschnittener Ansatz wurde vom UK Centre for the Measurement of Government Activity (UKCeMGA) des britischen Office for National Statistics (ONS) vorgelegt (ONS 2010a; ONS 2010b). Der Ansatz beruht durchgängig auf der Bildung von Indexwerten, wobei sämtliche Indizes für das Basisjahr 1995 auf 100 normiert wurden. Eine Interpretation der absoluten Indexwerte ist daher nicht möglich. Als Verhältnis der Input- und Outputindizes wird schließlich ein Produktivitätsindex gebildet, der Aufschluss über die Produktivitätsentwicklung geben soll.

Output: Veränderungen im Output werden im Ansatz des UKCeMGA in Quantitäts- und Qualitätseinflüsse zerlegt. Während die Quantität als kostengewichteter Index der drei quantitativ wichtigsten Gesundheitsgüter und -dienstleistungen (Krankenhausbehandlungen, ambulante Versorgung,

Medikamentenverschreibungen) gemessen wird[23], wird die Qualitätsverän-
derung als Veränderung des Behandlungserfolgs (service succeeds) und der
Patientenorientierung (responsive to users needs) gemessen (ONS 2010a).

Die Inputseite wird beim Ansatz des UKCeMGA – ähnlich des EU KLEMS-
Ansatzes – mit den Produktionsfaktoren Arbeit, Kapital sowie Gütern und
Dienstleistungen (als Vorleistungsgüter) in drei Indizes aufgespalten (ONS
2010a; näher noch ONS 2010b):

Arbeit: Der Faktor Arbeit wird in jeweiligen Preisen und Mengen gemessen. Wie im EU KLEMS-Ansatz setzt sich der Gesamtindex Arbeit zusammen aus den mit ihrem jeweiligem Lohnsummenanteil gewichteten Zahlen
von Vollzeitäquivalenten unterschiedlicher Qualifikation.

Kapital: Für die Messung des Faktors Kapital bedient sich der Ansatz des
UKCeMGA gleichsam wie EU KLEMS der Methode des Perpetual Inven-
tory. Der Einsatz von Kapital wird damit als Verschleiß des Kapitalstocks
gemessen (capital consumption).

Vorleistungen: Wie der Faktor Arbeit werden auch die Vorleistungen in
jeweiligen Preisen gemessen und mit jeweils plausiblen Preisindizes deflationiert. Der Index wird zudem feiner zergliedert in (1) Medikamentenverschreibungen (die gleichsam in den Output eingehen), (2) Gesundheitsgüter, die
außerhalb des NHS erbracht wurden sowie (3) anderen Gütern und Dienstleistungen. Wie die Untersuchungen in ONS 2010a zeigen, stellen für den
Fall des Vereinigten Königreiches die Vorleistungen den stärksten Wachstumstreiber innerhalb aller drei Produktionsfaktoren dar und sind insofern
als äußerst bedeutsam zu qualifizieren.

Multifaktorproduktivität: Im UKCeMGA-Ansatz muss auf die Berechnung
einer Multifaktorproduktivität verzichtet werden, da es im Vereinigten Kö-
nigreich bis dato an einem entsprechenden »echten« Gesundheitssatellitenkonto mangelt, das die notwendigen Input-Output-Daten zur Verfügung stellen könnte (siehe bereits Atkinson 2005). In- und Output werden infolgedessen lediglich auf aggregierter Ebene ins Verhältnis zueinander gesetzt.

Der UKCeMGA-Ansatz bedient sich einer Besonderheit – der sogenannten Triangulation (UK-CeGMA 2010). Diese soll durch Bereitstellung zusätzlicher Kontextinformationen die Interpretation von Produktivitätsveränderungen unterstützen und dient durch die Einbeziehung weiterer Studi-

---

[23] Präziser wird der Index als Produkt der prozentualen Veränderung der Mengeneinheiten mit dem relativen Anteil der jeweiligen Güter an der Ausgabensumme der drei
Güterklassen gebildet.

en der Validierung der gefundenen Ergebnisse. Hierfür werden methodisch differierende quantitative und qualitative Arbeiten herangezogen und mit den eigenen Ergebnissen in Verbindung gebracht, um das Untersuchungsproblem aus mehr als nur einer Perspektive betrachten und bewerten zu können (Atkinson 2005; Kermode und Roberts 2006).

Weitere Ansätze

Innerhalb der aufwendigen Methodik der EU-Kommission zur Bestimmung des volkswirtschaftlichen Produktionspotentials wird die Multifaktorproduktivität als Kalman-gefilterte Kapazitätsauslastung (früher: Hodrick-Prescott-gefiltertes Solow-Residuum) gemessen (D'Auria et al. 2010). Hierbei geht wie im Ansatz der OECD für den Faktor Kapital der Gesamtkapitalstock ein – wiederum unter Zuhilfenahme der Perpetual Inventory-Methode. Der Faktor Arbeit wird in Arbeitsstunden gemessen und die Faktoranteile von Kapital und Arbeit als arithmetisches Mittel ihrer Lohnanteile (wage shares) von 1960 bis 2003 geschätzt. Als Outputgröße wird das Bruttoinlandsprodukt herangezogen.

Der vom Bundesamt für Statistik (BFS) in der Schweiz verwendete Ansatz greift auf den Wertschöpfungsansatz zurück (BFS 2006). Aufgrund fehlender Daten werden damit keine Vorleistungen berücksichtigt und die Multifaktorproduktivität allein auf gesamtwirtschaftlicher Ebene berechnet, auf der sich die Vorleistungen zu Null aufsummieren (ausgenommen: Importleistungen) (Hulten 2001). Als Outputgröße wird hierzu das Bruttoinlandsprodukt zu Vorjahrespreisen verwendet. Auf der Inputseite orientiert sich der Schweizer Ansatz beim Faktor Arbeit am Ansatz der OECD, in dem die aggregierten, tatsächlich geleisteten Arbeitsstunden verwendet werden. Selbständige werden analog des OECD-Ansatzes berücksichtigt. Abweichend vom OECD-Ansatz wird dagegen der Kapitalinput nicht als nichtfinanzieller Kapitalstock, sondern durch Kapitalleistungen (Messung als Beitrag einzelner Anlagegüter zur wirtschaftlichen Tätigkeit) gemessen.[24] Anders als der Ansatz des BLS wird vom BFS jedoch eine geometrische und nicht eine hyperbolische Abschreibung unterstellt. Die Multifaktorproduktivität wird schließlich analog der OECD als Residuum berechnet und muss folglich als solches in-

---

[24] Der hier gewählte, komplexe Ansatz zur Ermittlung des Kapitalinputs wird ausführlich in BFS 2006 dargestellt. Methodischer Hintergrund ist die Bildung eines Indexwertes aus »Standardeffizienzeinheiten« (einzelne Kategorien von Anlagegütern) unter der Annahme des Zinssatzes als arithmetisches Mittel aus exogenem und endogenem Zins, geglätteten Reihen für Umbewertungsgewinne und weiterer mehr.

terpretiert werden (BFS 2006).

A.4 Arbeitsvolumenberechnung

In den Volkswirtschaftlichen Gesamtrechnungen wie auch im bisherigen Gesundheitssatellitenkonto entspricht die Arbeitsproduktivität der Bruttowertschöpfung eines Wirtschaftsbereichs je Erwerbstätigen. Eine derartige Ermittlung der Arbeitsproduktivität ist jedoch relativ grob, da die Anzahl der Erwerbstätigen die aufgewendete Arbeit nur bedingt widerspiegelt. Dies ist gerade auch im Gesundheitswesen mit einem hohen Anteil an Teilzeitkräften der Fall. Angesichts der zunehmenden Bedeutung von Teilzeit- und geringfügigen Beschäftigungen ist eine ungewichtete Aufsummierung der Erwerbstätigen jedoch bei Zeit- und Branchenvergleichen unzureichend. Dies betrifft vor allem die Nutzung der Erwerbstätigenzahlen als Schlüsselzahl und Bezugsgröße für Produktivitätskennziffern. So wird die Erwerbstätigenrechnung des Gesundheitssatellitenkontos um die Ermittlung von Vollzeitäquivalenten und der geleisteten Arbeitsstunden erweitert.

Erwartungsgemäß steigt die Arbeitsproduktivität in der Gesundheitswirtschaft geringer als in der Gesamtwirtschaft (Hartwig 2008), wobei allerdings innerhalb der Gesundheitswirtschaft eine erhebliche Variationsbreite in der Arbeitsproduktivität besteht. Hierfür ist u. a. die Qualifikation und das damit verbundene Einkommensgefüge der Erwerbstätigen des jeweiligen Wirtschaftszweigs verantwortlich. Da das Gesundheitssatellitenkonto aufgrund seiner detaillierten gesamtrechnerisch ausgerichteten und branchenspezifischen Fundierung sowohl die Branchen der Gesundheitswirtschaft als auch die Branchen der Nicht-Gesundheitswirtschaft gemeinsam abbildet, lassen sich Produktivitätsanalysen in einem konsistenten Analyserahmen durchführen und darstellen.

Ausgangspunkt ist die Erwerbstätigenrechnung des Gesundheitssatellitenkontos, die im Kernbereich definitorisch von der Gesundheitspersonalrechnung abweicht.[25] »Zu den Erwerbstätigen zählen alle Personen, die eine auf Erwerb gerichtete Tätigkeit ausüben, unabhängig von der Dauer der tatsächlich geleisteten oder vertragsmäßig zu leistenden Arbeitszeit. Für die Zuordnung als Erwerbstätiger ist es unerheblich, ob aus dieser Tätigkeit der überwiegende Lebensunterhalt bestritten wird. Im Falle mehrerer Tätigkeiten

---

[25] Die Gesundheitspersonalrechnung des Statistischen Bundesamtes liegt bis zum Jahr 2010 vor.

wird der Erwerbstätige nur einmal gezählt (Personenkonzept). Maßgebend für die Zuordnung zur Stellung im Beruf bzw. zum Wirtschaftsbereich ist die zeitlich überwiegende Tätigkeit.« (Statistische Ämter der Länder (2011) Erwerbstätigenrechnung, Reihe 2, Band 3, S. 8).

Da somit sowohl Vollzeit- auch als Teilzeitbeschäftigte gleichwertig in die Statistik eingehen, lassen sich keine genauen Aussagen zum tatsächlichen Umfang des geleisteten Arbeitseinsatzes ableiten. Ein wesentlich genauerer Indikator sind die tatsächlich geleisteten Arbeitsstunden.

Eine Gegenüberstellung verschiedener Methoden zur Messung des Arbeitseinsatzes seitens des Statistischen Bundesamtes (2011, S. 1061) hat gezeigt, dass in Deutschland im Zeitraum 1991 bis 2010 zwar die Zahl der Erwerbstätigen deutlich angestiegen ist (um fast 5 % von 38,7 Mio. auf 40,5 Mio. Personen), aber gleichzeitig das insgesamt geleistete Arbeitsvolumen abnahm (ebenfalls um 5 % von ca. 60.000 Mio. Stunden auf rund 57.000 Mio. Stunden pro Jahr). Dass sich dieser Unterschied ganz erheblich auf das Ergebnis der Berechnung der Arbeitsproduktivität in der Langzeitperspektive auswirkt, ist evident. Für den hier gewählten Zeitraum 2002 – 2010, zeigen sich ebenfalls Unterschiede, doch sind diese deutlich geringer.

A.5 Kapitalstockberechnung

Die dynamischen Input-Output-Modelle unterscheiden sich von den statischen durch die explizite Berücksichtigung der Zeit (vgl. Leontief 1970 und 1986). Dies ist eine wichtige Erweiterung, da einige Abhängigkeiten der Wirtschaftsverflechtungen erst durch die Einbeziehung der Zeit aufgezeigt oder erkannt werden können. Der Output der laufenden Periode dient nicht nur der Verwendung in der laufenden, sondern auch zukünftigen Perioden. Zur Dynamisierung der HIOT muss die Investitionsnachfrage der Gesundheitswirtschaft eigens dargestellt werden. Stellt man die Investitionen als Veränderung des Kapitalbestandes zweier Perioden dar, wird die HIOT über den Zeitverlauf dynamisiert und die Kapazitätseffekte der Investitionen können verdeutlicht werden. Damit der technische Fortschritt nicht ausgeschlossen wird, darf in diesem Modell keine Strukturinvarianz vorausgesetzt werden. Diese Invarianz ist eine beliebte Annahme zur Erleichterung der Dynamisierung und zur statistischen Ermittlung der Koeffizienten. Obwohl lediglich eine kleine Änderung im Gleichungssystem der Input-Output-Analyse erfolgt, hat dies große Auswirkungen auf die Möglichkeiten, aber

Tabelle A.2: Datenquellen zur Berechnung des Kapitalstocks

Produktions-bereiche		Daten-quelle	Bemerkung/Berechnung
A1	Land-u.Forstwirtsch., Fischerei	1	ohne biol. Tier- u. Pflanzenprod.
A2	Bergbau, Gew. von Steinen, Erden, Energie u. Wasservers.	1,2	Prod. Gewerbe ohne Baugewerbe abzgl. Verarbeitendes Gewerbe
A3	Verarb. Gewerbes	1,2	Verarb. Gewerbe bereinigt um Pharma, Medizintechnik
A4	Baugewerbe	1,7	ohne ges.rel. Bauwirtschaft
A5	Handel,Verkehr,Gastgewerbe, Information u. Kommunikation	1,9	EH und GH ohne ges.rel. DL Verkehr/Gastgew. oh. ges.rel. DL
A6	Finanz-,Vers.-Dienstleister, Grundstücks-u.Wohnungswesen Unternehmens-Dienstleister	1,2	Finanz- u. Versicherungsleister +Grundstücks- u. Wohnungswesen +Unternehmensdienstleister
A7	Öffentliche DL, Erziehung und sonstige Dienstleister	1	SV ohne ges.rel. Verwaltung Erziehung u. Unterricht, Sozialwesen.
H1	Pharmazeutische Produkte	1	Pharmaproduktion
H2	Medizintechnische Produkte	1	H.v. DV-Geräten, elektr.u.opt.Erz. Zahntechn. Laborat. (Zahnersatz)
H3	EH-Leistungen des KB	1	EH (oh. Handel mit Kfz
H4	Krankenversicherungs- u. sonst. Verwaltungsleist.	1	Öff. Verw., Verteidigung; SV + Versicherung u. Pensionskassen
H5	Stationäre Dienstleistungen	1,3	Gesundheitsw + Heime u. Sozialw.: Krankenh., Hochschul-, Vorsorge- und Reha-Kliniken, Pflegeheime
H6	Nicht-Stationäre DL	1,4,6	Gesundheitswesen ohne H5
H7	Sonst. DL des Kernbereichs	1,9	Pharmaz., mediz. GH u. HV Dental-/Labor- Altenpflege- bedarf, zahnmed. Instrumenten
E1	Gesundheitswaren des Erweiterten Bereichs	1	H.v.Nahrungsm./Getränken, Tabak, Textil./Bekl./Lederw./Schuhen
E2	DL für Sport, Wellness, Gesundheitstourismus	1,5,8	Gastgewerbe/ ges.rel. Sportwirtsch., Gesundheitstour./Fitness/Wellness
E3	Sonstige Gesundheits-DL des Erweiterten Bereichs	1,3	Gesundheits-, Sozialwesen + Sonstige Unternehmens-DL
E4	Gesundheitsrel. Ausbildung und Forschung	1,3	Forschung und Entwicklung + Erziehung und Unterricht
E5	Gesundheitsrel. Bauleistungen	1,7	Baugewerbe + Architektur- + Ing.büros; techn. Unters.

1   VGR: Detaillierte Jahresergebnisse
2   Investitionserhebung im Verarbeitenden Gewerbe, Bergbau
3   Dienstleistungsstatistik, Investitionen, Genesis Online Datenbank
4   Kostenstrukturstatistiken bei Arzt- u. Zahnarztpraxen
5   Kostenstrukturstatistiken bei Saunas, Solarien, Bädern u. ä.
6   Kostenstruktur bei Einrichtungen des Gesundheitswesens
7   Investitions- und Kostenstrukturerhebung im Baugewerbe
8   Betriebs- und volkswirtschaftliche Kennzahlen im Gastgewerbe
9   Betriebs- und volkswirtschaftliche Kennzahlen im Handel.

auch auf die wissenschaftlichen Anforderungen der Input-Output-Analyse.

Wie in den Abschnitten 2 bis 5 gezeigt wurde, ist eine detaillierte Kenntnis über die Kapitalbildung in den Produktionsbereichen der Gesundheitswirtschaft für die Berechnung der Produktivitätsentwicklung der Gesundheitswirtschaft relevant. Die Darstellung der Investitionen einschließlich der Forschung und Entwicklung der Gesundheitswirtschaft ist ein zentraler Baustein für die Dynamisierung des Satellitenkontos. Damit wird ferner der Grundstein für die dynamische Analyse der Faktorproduktivität gelegt.

Ausgangspunkt für die Berechnung des Kapitalstocks sind die Werte der Anlagenvermögensrechnung der Volkswirtschaftlichen Gesamtrechnung nach Wirtschaftszweigen getrennt für Bauten und Ausrüstungen. Die Gliederung folgt analog zur Arbeitsvolumenberechnung unter Beachtung des Kapitalstocks je Erwerbstätigen (Kapitalintensität). Die Berechnung erfolgt durch Aggregation und Gewichtung der einzelnen Produktionsbereiche (vgl. Tabelle A.2). Grundsätzlich gilt dabei die Wahrung der Nebenbedingung, dass die Veränderung des Kapitalstocks den Bruttoinvestitionen minus Abschreibungen einschl. Neubewertung genügen muss. Die verwendeten Datenquellen für die einzelnen Produktionsbereiche werden in der folgenden Tabelle erläutert.

A.6 Güterstruktur und Wirtschaftsbereiche

Die folgenden drei Tabellen A.3, A.4 und A.5 gruppieren die Güter des Kernbereichs und des Erweiterten Bereichs der Gesundheitswirtschaft einerseits und der Nicht-Gesundheitswirtschaft andererseits. Der Kernbereich enthält auch diejenigen Güter der industriellen Produktion, die über den Einzelhandel nach der Gesundheitsausgabenrechnung verteilt werden. Da für die Abgrenzung des Kernbereichs die internationale Abgrenzung nach OECD 2000 maßgeblich ist, und das Preiskonzept neben den Einzelhandelsleistungen auch die Großhandelsspannen und die Herstellerpreise enthält, wurden die entsprechenden Güter mitberücksichtigt.

A.7 Doppelte Deflationierung

Die doppelte Deflationierung geht davon aus, dass der gesamte Wert aller Outputs den gesamten Werten aller Inputs entspricht. Über diese grundle-

Tabelle A.3: Güter des Kernbereichs der Gesundheitswirtschaft

Güter		Bezeichnung
H1		Pharmazeutische Produkte
H2		Medizintechnische Produkte
	H21	Medizintechnische Geräte, Prothesen, Rollstühle, etc.
	H22	Zahntechnische Laborleistungen (Zahnersatz)
H3		Einzelhandelsleistungen des Kernbereichs
	H31	Einzelhandelsleistungen mit pharmazeutischen Produkten
	H32	Einzelhandelsleistungen mit medizintechnischen Produkten
H4		Krankenversicherungs- und sonstige Verwaltungsleistungen
	H41	Verwaltungsleistungen der öffentlichen Haushalte ohne Sozialversicherung
	H42	Verwaltungsleistungen der Sozialversicherung
	H43	Verwaltungsleistungen der Privaten Versicherungen
	H44	Sonstige Verwaltungsleistungen
H5		Dienstleistungen stationärer Einrichtungen
	H51	Dienstleistungen von Krankenhäusern
	H52	Dienstleistungen von Vorsorge- oder Rehabilitationseinrichtungen
	H53	Dienstleistungen von stationären/teilstationären Pflegeeinrichtungen
H6		Dienstleistungen nicht-stationärer Einrichtungen
	H61	Dienstleistungen von Arztpraxen
	H62	Dienstleistungen von Zahnarztpraxen
	H63	Dienstleistungen von Praxen sonstiger medizinischer Berufe
	H64	Dienstleistungen von ambulanten Pflegeeinrichtungen
	H65	Sonst. ambulante Dienstleistungen einschl. Labors und Diagnost. Zentren
	H66	Dienstleistungen von Rettungsdiensten, Krankentransporte
	H67	Dienstleistungen des Gesundheits- und Arbeitsschutzes
H7		Sonstige Dienstleistungen des Kernbereichs
	H71	Großhandel von Gesundheitsgütern
	H72	Handelsvermittlung von Gesundheitsgütern

Quelle: Eigene Darstellung.

Tabelle A.4: Güter des Erweiterten Bereichs der Gesundheitswirtschaft

Güter		Bezeichnung
E1		Gesundheitswaren des Erweiterten Bereichs
	E11	Körper-, Mund- und Zahnpflegeprodukte
	E12	Gesundheitsrelevante Ernährungsgüter
	E13	Gesundheitsorientierte Textilien und Kleidung
	E14	Gesundheitsrelevante Printmedien
	E15	Waren des Sport-, Fitness-, Wellnessbereichs
E2		Dienstleistungen für Sport, Fitness, Wellness, Gesundheitstourismus
	E21	Dienstleistungen der gesundheitsrelevanten Sportwirtschaft
	E22	Gesundheitstourismus und Fitness, Wellness (Saunas, Solarien, u. ä.)
E3		Sonstige Gesundheitsdienstleistungen des Erweiterten Bereichs
	E31	Gesundheitsrelevantes Sozialwesen (Behindertenwerkstätten u. ä.)
	E32	Gesundheitsrelevante Rechts-, Steuer- und Unternehmensberatung
	E33	Gesundheitsrelevante Werbung und Marktforschung
	E34	Gesundheitsrelevante Dienstleistungen der Informationstechnologie
	E35	Gesundheitsrelevante Datenverarbeitung
	E36	Sonstige gesundheitsrelevante Dienstleistungen
	E37	Sonstige Dienstleistungen des Erweiterten Bereich
E4		Gesundheitsrelevante Ausbildung und Forschung
	E41	Allgemeine gesundheitsrelevante Aus- und Weiterbildung
	E42	Aus- u. weiterführ. Bildung v. Gesundheitsberufen außerh. v. Hochschulen
	E43	Hochschulen der Fächer »Humanmedizin/ Gesundheitswissenschaften«
	E44	Forschung und Entwicklung in der Gesundheitswirtschaft
E5		Gesundheitsrelevante Bauinvestitionen
	E51	Bau von Gebäuden; Erschließung von Grundstücken, Bauträger
	E52	Architektur- und Ingenieurbüros

Quelle: Eigene Darstellung.

Tabelle A.5: Güter der Nicht-Gesundheitswirtschaft

Produktionsbereiche	WZ 2008	Bemerkung/Berechnung
1 Land- u. Forstwirtschaft,	01	ohne biologische Tier- u. Pflanzenprod.
Fischerei	02-03	Forstwirtschaft, Fischerei
2 Bergbau,Gewin.v.Steinen,	05-09	Bergbau u. Gewin. v. Steinen u. Erden
Erden, Energie und	35,	Energie- u. Wasservers.,
Wasserversorgung	36-39	Entsorgung u.ä.
3 Erzeugnisse des	10-33	Verarbeitendes Gewerbe
Verarbeitendes Gewerbes		ohne Pharma-, Medizintechnikprodukte,
		sonstige gesundheitsrelevante
		Produkte
4 Leistungen des	41-43	Baugewerbe ohne
Baugewerbes		gesundheitsrelevante
		Bauleistungen
5 Handels-, Verkehrs-	45-54	Einzel- und Großhandel
Gastgewerbsleistungen		Verkehr ohne Krankentransporte
Information &	55,56	Ohne Gesundheitstourismus
Kommunikation	58-63	Ohne I&T Leistungen des Gesundheitsbereichs
6 Private Dienstleistungen	64-82	Finanzdienstleister, Versicherungen
		ohne Private Krankenversicherung
		Grundstücks- und Wohnungswesen
		Forschung, Entwicklung
		ohne Gesundheitsforschung,- ausbildung
7 Öffentliche Dienstleistungen	84-96	Öffentliche Verwaltung, Verteidigung
		Sozialversicherung ohne GKV, GUV, PfV,
		Erziehung, Unterricht ohne Unikliniken
		ohne Gesundheitswesen und
		gesundheitsrelevantes Sozialwesen

Quelle: Eigene Darstellung.

gende Bedingung wird der Wertschöpfungspreisindex ermittelt. Die Berechnung muss nämlich genau sicherstellen, dass diese Bedingungen erfüllt sind. Deshalb wird zweistufig vorgegangen (vgl. Miller, Blair 2009, S. 158):

1) In einem ersten Schritt werden alle Werte der Verwendung, Zwischennachfrage, Endnachfrage und Produktion deflationiert (siehe Gleichung A.8).

2) In einem zweiten Schritt werden die Wertschöpfungsdeflatoren aus der deflationierten Wertschöpfung und den Kehrwerten der nicht deflationierten Wertschöpfung abgeleitet (siehe Gleichung A.12).

Der Transaktionswert z_{ij} zwischen den beiden Produktionsbereichen i und j kann in eine Preiskomponente p_i und eine Mengenkomponente s_{ij} aufgespalten werden:

$$(A.17) \quad z_{ij} = p_i s_{ij}$$

wobei z_{ij} der Eurowert des Outputs des Produktionsbereichs i ist, der vom Produktionsbereich j nachgefragt wird. Der Preis p_i ist der Preis je Mengeneinheit des Produktionsbereichs i. Die Menge s_{ij} ist in Mengeneinheiten gemessen der Output von i, der von j nachgefragt wird. Gleichung (A.1) kann auch umgeschrieben werden in:

$$(A.18) \quad s_{ij} = \frac{z_{ij}}{p_i}$$

Unter Hinzufügung der Rechnungsperiode gilt nun ferner

$$(A.19) \quad s_{ij} = \frac{z_{ij}^1}{p_i^1} = \frac{z_{ij}^2}{p_i^2} = \ldots \frac{z_{ij}^n}{p_i^n} \quad (1,2,\ldots,\text{n Abrechnungsperioden})$$

Für ein beliebiges Referenzjahr b gilt

$$(A.20) \quad \frac{z_{ij}^b}{p_i^b} = \frac{z_{ij}^t}{p_i^t}$$

bzw. es kann weiterhin gefolgert werden

$$(A.21) \quad z_{ij}^b = \frac{p_i^b}{p_i^t} z_{ij}^t$$

wobei das Preisverhältnis in Gleichung (A.5) den Outputpreisindex des Gutes i im Jahr t relativ zum Basisjahr b angibt. Analog kann mit der Deflationierung der Endnachfrage und der Deflationierung des Outputs verfahren werden (siehe Miller, Blair 2009, S. 158).

Verwendet man folgende Schreibweise für den Outputpreisindex des Gutes i in der Periode t

$$(A.22) \quad \pi_i^t = \frac{p_i^b}{p_i^t}$$

In Matrixschreibweise lautet der Vektor der Preisindizes für die n Güter

$$(A.23) \quad \pi_i^t = [\pi_1^t, \pi_2^t \; .... \; \pi_n^t]$$

Wenn somit alle Nachfragekomponenten mit demselben Preisindex deflationiert werden

$$(A.24) \quad Z^b = \hat{\pi}^t Z^t$$

kann sichergestellt werden, dass die grundlegenden Definitionsgleichungen erfüllt werden, nämlich

$$(A.25) \quad Z^t i + f^t = x^t \text{ und } Z^b i + f^b = x^b$$

sowie

$$(A.26) \quad i' Z^b + (\nu^b)' = (x^b)'$$

wobei $(\hat{\nu}^b)'$ den noch nicht bestimmten Vektor der deflationierten Primärinputs für die Referenzperiode b darstellt. Durch Umformung der letzten Gleichung kann dieser jedoch als Differenz von deflationierten Outputs und Vorleistungsvektor berechnet werden:

(A.27) $\left(\nu^b\right)' = \left(x^b\right)' - i'Z^b$

Der Deflator der Primärinputs $r_i^t = \dfrac{\nu_i^b}{\nu_i^t}$ kann nun als das Verhältnis des Primärinput in der laufenden Periode und des deflationierten Primärinput der Referenzperiode b berechnet werden. In Matrixschreibweise ist somit der Preisindex für die Wertschöpfung:

(A.28) $\left(\hat{r}^b\right)' = \hat{\nu}^{b'}\left(\hat{\nu}'\right)^{-1}$

Tabelle A.6: ICD-10 Krankheitsklassen und Obergruppen

ICD-Nr.		Bezeichnung
A00 bis B99	I.	bestimmte infektiöse und parasitäre Krankheiten
A00 bis A09		infektiöse Darmkrankheiten
C00 bis D48	II.	Neubildungen
C00 bis C97		Bösartige Neubildungen
C15 bis C26		Bösartige Neubildungen der Verdauungsorgane
C43 bis C44		Melanom und sonst. bösartige Neubildungen der Haut
C50 bis C50		Bösartige Neubildungen der Brustdrüse (Mamma)
C61 bis C61		Bösartige Neubildung der Prostata
C91 bis C95		Leukämie
D50 bis D89	III.	Krankheiten des Blutes und der blutbildenden Organe
E00 bis E90	IV.	Endokrine, Ernährungs- und Stoffwechselkrankheiten
E00 bis E07		Krankheiten der Schilddrüse
E10 bis E14		Diabetes mellitus
E65 bis E68		Adipositas und sonstige Überernährung
F00 bis F99	V.	Psychische Störungen und Verhaltensstörungen
F00 bis F03		Demenz
F20 bis F29		Schizophrenie, schizotype und wahnhafte Störungen
F32 bis F34		Depression
G00 bis G99	VI.	Krankheiten des Nervensystems
H00 bis H59	VII.	Krankheiten des Auges und der Augenanhangsgebilde
H60 bis H95	VIII.	Krankheiten des Ohres und des Warzenfortsatzes
I00 bis I99	IX.	Krankheiten des Kreislaufsystems
I10 bis I15		Hypertonie (Hochdruckkrankheit)
I20 bis I25		Ischämische Herzkrankheiten
I60 bis I69		Zerebrovaskuläre Krankheiten
J00 bis J99	X.	Krankheiten des Atmungssystems
J00 bis J06		Akute Infektionen der oberen Atemwege
J10 bis J18		Grippe und Pneumonie
K00 bis K93	XI.	Krankheiten des Verdauungssystems
K00 bis K14		Krankheiten der Mundhöhle, Speicheldrüsen und Kiefer
K02, K08.1		Zahnkaries, Zahnverlust
L00 bis L99	XII.	Krankheiten der Haut und der Unterhaut
L20 bis L30		Dermatitis und Ekzem
M00 bis M99	XIII.	Krankheiten des Muskel-Skelett-Systems
M15 bis M19		Arthrose
M45 bis M54		Dorsopathien
M80 bis M82		Osteoporose
N00 bis N99	XIV.	Krankheiten des Urogenitalsystems
O00 bis O99	XV.	Schwangerschaft, Geburt und Wochenbett
P00 bis P96	XVI.	Zustände, mit Ursprung in der Perinatalperiode
Q00 bis Q99	XVII.	Angeborene Fehlbildungen, Deformitäten
R00 bis R99	XVIII.	Symptome und klinische abnorme Befunde a.n.k.
S00 bis T98	XIX.	Verletzungen und Vergiftungen
S70 bis S79		Verletzungen der Hüfte und des Oberschenkels
Z00 bis Z99	XXI.	Faktoren, die den Gesundheitszustand beeinflussen

Quelle: Statistisches Bundesamt 2010.

Tabelle A.7: Inländische Verwendung nach Krankheitsgruppen in Herstellungspreisen (in Mio. €), 2002 und 2010

	Krankheitsgruppen nach ICD-10					
Produktionsbereiche	Gesundheitsgüter	Handel	Stationäre DL	Nichtstationäre DL	Verwaltung	Insgesamt
2002						
Neubildungen (C, D)	1.036	661	9.153	3.111	805	14.766
Psych. Erkrankungen (F, G)	2.071	1.837	17.401	8.284	2.117	31.710
Herz-Kreislauf-Erkrank. (I)	3.273	3.110	14.204	8.378	1.833	30.797
Stoffwechselerkrank.(E, K, N)	4.927	4.695	10.018	29.697	2.961	52.297
Muskel-Skelett-Erkrank. (M)	2.068	1.670	9.081	9.468	1.741	24.027
Verletzungen (S, T)	749	430	5.697	2.473	840	10.189
Sonstige Krankheiten	5.380	4.862	14.838	18.167	3.224	46.471
Insgesamt	19.505	17.264	80.391	79.577	13.521	210.259
2010						
Neubildungen (C, D)	1.482	1.068	12.495	4.642	1.326	21.013
Psych. Erkrankungen (F, G)	3.106	2.981	22.369	10.404	3.267	42.126
Herz-Kreislauf-Erkrank. (I)	3.727	3.538	17.844	10.313	2.506	37.927
Stoffwechselerkrank.(E, K, N)	5.577	5.685	11.556	34.339	4.190	61.348
Muskel-Skelett-Erkrank. (M)	2.671	2.456	10.830	11.488	2.473	29.918
Verletzungen (S, T)	1.015	620	8.352	2.781	1.178	13.948
Sonstige Krankheiten	6.486	6.361	18.111	22.507	4.809	58.275
Insgesamt	24.065	22.708	101.557	96.475	19.750	264.555
2002-2010 (in%)						
Neubildungen (C, D)	4,6	6,2	4,0	5,1	6,4	4,5
Psych. Erkrankungen (F, G)	5,2	6,2	3,2	2,9	5,6	3,6
Herz-Kreislauf-Erkrank. (I)	1,6	1,6	2,9	2,6	4,0	2,6
Stoffwechselerkrank.(E, K, N)	1,6	2,4	1,8	1,8	4,4	2,0
Muskel-Skelett-Erkrank. (M)	3,2	4,9	2,2	2,4	4,5	2,8
Verletzungen (S, T)	3,9	4,7	4,9	1,5	4,3	4,0
Sonstige Krankheiten	2,4	3,4	2,5	2,7	5,1	2,9
Insgesamt	2,7	3,5	3,0	2,4	4,9	2,9

Quelle: Eigene Berechnungen unter Verwendung Statisches Bundesamt 2010.

Literatur

Acemoglu, D. (2009), Introduction to Modern Economic Growth, Princeton and Oxford: Princeton University Press.

Afentakis, A., Böhm, K. (2009), Beschäftigte im Gesundheitswesen, Gesundheitsberichterstattung des Bundes Heft 46, Herausgeber: Robert Koch-Institut, Berlin.

Afentakis, A., Maier, T. (2010), Projektion des Personalbedarfs und -angebots in Pflegeberufen bis 2025, in: Statistisches Bundesamt, Wirtschaft und Statistik 11/2010: 990 – 1002.

Ahlert, G. (2003): Einführung eines Tourismussatellitensystems für Deutschland. (GWS Discussion Paper, 2003/4).

Aizcorbe, A., Nestoriak, N. (2010), Changing Mix of Medical Care Services: Stylized Facts and Implications for Price Indexes Bureau of Economic Analysis: Working, Paper WP2010-08.

Albers, B. S. (2004), Arbeitsangebot und Gesundheit: Eine theoretische Analyse, Überarbeitete und erweiterte Fassung, Universität Bayreuth Rechts- und Wirtschaftswissenschaftliche Fakultät Wirtschaftswissenschaftliche Diskussionspapiere, Diskussionspapier 10-03, Bayreuth.

Arbeitskreis »Volkswirtschaftliche Gesamtrechnungen der Länder« (2013), Aktuelle Ergebnisse Revision 2011 (WZ 2008), Länderergebnisse für Deutschland, Bruttoinlandsprodukt, Bruttowertschöpfung, Stuttgart.

Arnaud, B., Dupont, J., Koh, S.-H., Schreyer, P. (2011a), Measuring Multi-Factor Productivity by Industry: Methodology and First Results from the OECD-Productivity Database, Paper vom 14. Oktober 2011, OECD, Paris.

Arnaud, B., Dupont, J., Koh, S.-H., Schreyer, P. (2011b), Measuring Multi-Factor Productivity by Industry: Methodology and First Results from the OECD-Productivity Database, in: The Statistics Newsletter, Nr. 54, Dezember 2011: 3 – 5.

Atkinson, T. (2005), Atkinson Review Final Report: Measurement of Government Output and Productivity for the National Accounts, London.

Augurzky, B. et al. (2013), Krankenhaus Rating Report 2013, Pressemitteilung RWI vom 06.06.2013, `www.diag-mav-pb.de/diag-mav/medium/`

`Krankenhaus\%20Rating\%20Report\%202013.pdf?m=108083.`

Augurzky, B., Felder, S., van Nieuwkoop, R., Tinkhauser, A. (2012), Soziale Gesundheitswirtschaft – Impulse für mehr Wohlstand, Gutachten im Auftrag der Abteilung Wirtschafts- und Sozialpolitik der Friedrich-Ebert-Stiftung, `www.fes.de/wiso`.

Aulin-Ahmavaara, P. (1999), Effective Rates of Sectoral Productivity Change, in: Economic Systems Re-search, 11 (4): 349 – 363.

Baghai, TC, Volz, HP, Möller, HJ (2011), DFP: Antidepressive Pharmakotherapie: Aktueller Stand und neue Entwicklungen, Journal für Neurologie Neurochirurgie und Psychiatrie 2011; 12 (1), 70 – 81).

Balk, B.M. (2003), On the Relationship Between Gross-Output and Value-Added Based Productivity Measures: The Importance of the Domar Factor, The University of New South Wales, Centre for Applied Economic Research, Working Paper (2003/05).

Bandemer, v. S. (2009), Die deutsche Gesundheitswirtschaft – Defizite ihrer außenwirtschaftlichen Aktivitäten und wirtschaftliche Handlungsoptionen, Expertise im Auftrag des BMWi.

Barmer GEK (2012), Report Krankenhaus 2012, Schwäbisch Gmünd, online verfügbar unter `https://presse.barmer-gek.de/`.

Bartelsman, E.J., Doms, M. (2000), Understanding Productivity: Lessons from Longitudinal Microdata, Journal of Economic Literature, 38(3): 569 — 94.

BASYS (2010), Gesundheitswirtschaft Österreich, Studie für die Wirtschaftskammer Österreich, Augsburg, Wien.

BASYS, GÖZ (2012), Gesundheitswirtschaft Sachsen, Studie im Auftrag des Sächsischen Staatsministeriums für Soziales und Verbraucherschutz, Augsburg, Dresden.

BASYS (2012), Methodik der Gesundheitsausgabenrechnung der Länder Deutschlands (BASYS|RHA), Augsburg, unveröffentlicht.

BAuA (2003), Bericht der Bundesregierung 2003 Sicherheit und Gesundheit bei der Arbeit, online verfügbar unter `www.baua.de/de/Publikationen/ Sonderschriften/2000-/S82.html`.

Baumol, W.J. (2010), Health care, education, and the cost disease: A looming crisis for public choice, in: Public Choice 77: 17 – 28.

Bauriedel, G., Skowasch, D., Lüderitz, B. (2005), Zertifizierte medizinische Fortbildung: Die chronische Herzinsuffizienz, Dtsch Arztebl 2005; 102(9): A-592 / B-499 / C-466.

Berndt, E.R., Cutler, D.M., Frank, R.G., Griliches, Z., Newhouse, J.P., Triplett, J.E. (2001), Price Indexes for Medical Goods and Services: An Overview of Measurement Issues, In: Cutler DM, Berndt ER (eds.), Medical Care Output and Productivity, Chicago: University of Chicago Press: 141 – 200.

BFS (2006), Multifaktorproduktivität. Methodenbericht, Neuchâtel.

BLS (2007), Technical Information About the BLS Multifactor Productivity Measures, Washington D.C.

BLS (2011), Industry Productivity Measures, in: BLS (Hrsg.), Handbook of Methods, Washington D.C.: 1 – 7.

BMBF (2008), Versorgungsforschung. Ergebnisse der gemeinsamen Förderung durch das BMBF und die Spitzenverbände der gesetzlichen Krankenkassen (2000 – 2008). Bonn, Berlin.

BMBF (2009), 10 Jahre Kompetenznetze in der Medizin, Grußwort, www.kompetenznetze-medzin.de.

BMBF (2012), Bundesbericht Forschung und Innovation 2012, Bonn.

BMBF (2013) und (2011), Die deutsche Biotechnologie-Branche 2013 (2011), Daten & Fakten, im Internet verfügbar unter www.biotechnologie.de.

BMWI (2013), Gesundheit als volkswirtschaftlicher Produktionsfaktor, in: Schlaglichter der Wirtschaftspolitik, Monatsbericht Juni 2013: 15 – 18.

BMWi/BMBF (2013), Qualifikationen europaweit vergleichbar machen, Pressemitteilung vom 06.05.2013, Berlin.

Börsch-Supan, A. (2007), Vertragswettbewerb im Gesundheitswesen, in: Themenheft Gesundheitsökonomie, Jahrbücher für Nationalökonomie und Statistik, Bd. 227, Heft 5 + 6, Stuttgart: 451 – 465.

Bradley, R., Cardenas, E., Ginsburg, D., Rozental, L., Velez, F. (2010), Producing disease-based price indexes, in: Monthly Labor Review, February 2010: 20 – 28.

Bräuninger, M., Sattler, C., Kriedel, N., Vöpel, H., Straubhaar, T. (2007), Gesundheitsentwicklung in Deutschland bis 2037 – Eine volkswirtschaftliche Kostensimulation, HWWI Policy Paper 1 – 6, Hamburg.

Breyer, F., Ulrich,V. (2000), Gesundheitsausgaben, Alter und medizinischer Fortschritt: eine Regressionsanalyse, in: Jahrbücher für Nationalökonomie und Statistik 220: 1 – 17.

Bruckenberger, E. (2010), Herzbericht, Hannover.

Bundesministerium für Gesundheit (2010), Gesetzliche Krankenversicherung: Kennzahlen und Faustformeln 1999 – 2009, Stand: 02.08.2010, Berlin.

Bundesministerium für Gesundheit (2012), KG 3-Statistik (gesetzliche Krankenversicherung: Abrechnungsfälle ärztlicher und zahnärztlicher Behand-

lung, Maßnahmen zur Früherkennung von Krankheiten, Mutterschafts-
vorsorgefälle), Bonn, Dokumentationsstand: 18.07.2012.

BVMed – Bundesverband Medizintechnologie (2010), Branchenbericht Med-
Tech 2010, Stand: 2. Dezember 2010, Berlin.

Comin, D. (2008), Total Factor Productivity, in: Durlauf, S.N., Blume, L.E.
(Hrsg.), The New Palgrave Dictionary of Economics, Bd. 8, 2. Aufl.,
Palgrave Macmillan, Basingstoke u. a.: 329 – 331.

Cutler, D., Richardson, E. (1997), Measuring the Health of the U.S. Population, Brookings Papers on Economic Activity: Microeconomics, pp.
217-271.

DAK (2013), DAK-Gesundheitsreport 2013, Hamburg.

D'Auria, F., Denis, C., Havik, K., McMorrow, K., Planas, C., Raciborski, R.,
Röger, W., Rossi, A. (2010), The production function methodology for
calculating potential growth rates and output gaps, European Economy,
Economic Papers 420, Brüssel.

Dennerlein, R., Huber, M., Schneider, M., Sarrazin, H. T., Weinz, U. (1990),
Gesamtwirtschaftliche Auswirkungen von Ausgabenentwicklungen in der
Gesetzlichen Krankenversicherung (GKV), Ergebnisse aus-gewählter Si-
mulationsrechnungen, Studie im Auftrag des Bundesministers für Arbeit
und Sozialordnung, Augsburg, Bonn.

Department of Health (2005), Healthcare Output and Productivity: Accounting for Quality Change. A Paper by Department of Health, London.

Deutsche Arbeitsgemeinschaft für Jugendzahnpflege e. V. (DAJ) (2010),
Epidemiologische Begleituntersuchungen zur Gruppenprophylaxe 2009,
Bonn.

Deutsche Krankenhausgesellschaft (2012), Bestandsaufnahme zur Kranken-
hausplanung und Investitionsfinanzierung in den Bundesländern, Stand:
Juli 2012, Berlin.

Deutsche Rentenversicherung (2013),

DG ECFIN (2006), The impact of ageing on public expenditure: projections
for the EU25 Member States on pensions, health care, longterm care,
education and unemployment transfers (2004 – 2050), Brüssel.

Diewert, W. E. (1987), Index numbers, in: The New Palgrave: A Dictionary
of Economics, Vol 2: 767 – 779.

Doepke, M. (2007), Humankapital, politischer Wandel und langfristige Wirtschaftsentwicklung, Institute for Empirical Research in Economics, University of Zurich, Working-Paper No. 356, Zürich.

Europäische Kommission (2008), Der europäische Qualifikationsrahmen für lebenslanges Lernen, `http://ec.europa.eu/eqf/documents?id=30`.

Eurostat (1996), Europäisches System Volkswirtschaftlicher Gesamtrechnungen – ESVG 1995, Luxembourg.

Eurostat (2001), Handbook on price and volume measures in national accounts, Luxembourg.

EC, IMF, OECD, UN and World Bank (2009), System of National Accounts 2008, New York.

Färe, R. (1988), Fundamentals of Production Theory, Springer-Verlag, Heidelberg.

Färe, R., Grosskopf, S., Lindgren, B., Roos, P. (1989), Productivity Developments in Swedish Hospitals: A Malmquist Output Index Approach, Discussion Paper No. 89-3, Southern Illinois University.

Färe, R., Grosskopf, S., Lindgren, B., Roos, P. (1992), Productivity Changes in Swedish Pharmacies 1980 – 1989: A Non-Parametric Approach, in: Journal of Productivity Analysis 3: 85 – 101.

Färe, R., Grosskopf, S., Norris, M., Zhang, Z. (1994), Productivity Growth, Technical Progress, and Efficiency – Change in Industrialized Countries, in: American Economic Review, 84 (1): 66 – 83.

Farrell, M.J. (1957), The Measurement of Productive Efficiency. Journal of the Royal Statistical Society (A, general) 120: 253 – 281.

Franz, D. und Roeder, N. (2012) Mengendynamik in den Krankenhäusern: Auch eine gesellschaftliche Frage, in: Dtsch Ärztebl 2012; 109(51 – 52).

Fuhrmann, R. (2009), Fehlerursachen bei der Implantation von Hüftendoprothesen, Statement zur Pressekonferenz der Bundesärztekammer am 11. Juni 2009 in Berlin, Veranstaltung vom 15.06.2009, Online verfügbar unter `www.bundesaerztekammer.de/page.asp?his=2.59.5301.5500`.

Galama, T. J. (2011), A contribution to health capital theory (Working Paper No. WR-831), Santa Monica, CA: RAND Corporation.

GKV-Spitzenverband (Hg.) (2009), Präventionsbericht 2009, Leistungen der gesetzlichen Krankenversicherung in der Primärprävention und der betrieblichen Gesundheitsförderung, Berichtsjahr 2008, Medizinischer Dienst des Spitzenverbandes Bund der Krankenkassen e.V. (MDS).

Grossman, M. (1972), On the concept of health capital and the demand for health, Journal of Political Economy, 80, 223 — 255.

Häckl, D. (2010), Neue Technologien im Gesundheitswesen: Rahmenbedingungen und Akteure, Dissertationsschrift, Gabler Verlag, Wiesbaden.

Hartwig, J. (2008), What drives health care expenditures? – Baumol's model of 'unbalanced growth' revisited, in: Journal of Health Economics 27(3):

603 – 623.

Heinen-Kammerer, T., Kiencke, P., Motzkat, K., et al. (2006), Telemedizin in der Tertiärprävention. Wirtschaftlichkeitsanalyse des Telemedizin-Projektes Zertiva bei Herzinsuffizienz-Patienten der Techniker Krankenkasse. In: Kirch, Wilhelm; Badura, Bernhard (Hg.): Prävention. Ausgewählte Beiträge des Nationalen Präventionskongresses Dresden, 1. und 2. Dez. 2005. Berlin, Heidelberg: Springer Medizin Verlag Heidelberg: 531 – 549.

Henke, K.-D., Neumann, K., Schneider, M. et al. (2009), Erstellung eines Satellitenkontos für die Gesundheitswirtschaft in Deutschland, (Roland Berger, BASYS, TU Berlin), Öffentliche Vorstellung 16.11.2009, Forschungsprojekt im Auftrag des Bundesministeriums für Wirtschaft und Technologie (BMWi), Berlin.

Henke, K.-D., Reimers, L. (2006), Zum Einfluss von Demographie und medizinisch-technischem Fortschritt auf die Gesundheitsausgaben, ZiGprint Nr. 2006-01, Berlin.

Henke, K.-D., Troppens, S., Braeseke, G., Dreher, B., Merda, M. (2011), Innovationsimpulse der Gesundheitswirtschaft – Auswirkungen auf Krankheitskosten, Wettbewerbsfähigkeit und Beschäftigung, Endbericht, Forschungsprojekt im Auftrag des Bundesministeriums für Wirtschaft und Technologie (BMWi), Berlin.

Hishow, O. N. (2005), Wachstumspolitik in der EU: Wirtschaftsleistung, Beschäftigung und Innovation vor dem Hintergrund der Lissabon-Agenda, SWP-Studie, 2005, S 23, Berlin.

Holub, H.-W., Schnabl, H. (1994), Input-Output-Rechnung: Input-Output-Tabellen: Einführung, Oldenbourg Verlag, München.

Hulten, C. (2001), Total Factor Productivity: A short biography, in: Hulten, C., Dean, E., Harper, M. (Hrsg.) New Developments in Productivity analysis, The University of Chicago Press, Chicago: 1 – 53.

Institut des Bewertungsausschusses (2009): Bericht zur Schätzung der Morbiditätsveränderung 2008/2009 und zur Repräsentativität und Plausibilität der Datengrundlage des Bewertungsausschusses, zum Download im Internet unter www.institut-des-bewertungsausschusses.de/publikationen/Bericht_SchaetzungMorbiditaetsveraenderung.pdf.

Jorgenson, D.W. (2010), Designing a New Architecture for the U.S. National Accounts to Capture Innovation By Dale W. Jorgenson, Survey of Current Business, February 2010: 17 – 22.

Jorgenson, D.W., Griliches, Z. (1967), The Explanation of Productivity Change, in: The Review of Economic Studies 34: 249 – 283.

Kartte, J., Neumann, K., Kainzinger, F., Henke, K.-D. (2005), Innovation und Wachstum im Gesundheitswesen, Roland Berger View, Berlin.

Kermode, S., Roberts, K. (2006), Quantitative methods, in: Taylor, B.J., Kermode, S., Roberts, K. (Hrsg.), Research in Nursing and Health Care: Creating Evidence for Practice, Thomas Nelson Australia, South Melbourne: 199 – 243.

Klapdor, M. (2011), Praxisführung mit angestellten Zahnärzten, ZWP, (6): 14 – 17.

Klare, W. R. (2008): DMP Typ-2-Diabetes: Erste Studienergebnisse zeigen Vorteile. Diabeteszentrum Hegau Bodensee, Online verfügbar unter www.diabeteszentrum-hegau-bodensee.de/publikationen.

Koch, K., Gerber, A. (2010), QALYs in der Kosten-Nutzen-Bewertung. Rechnen in drei Dimensionen, in: BARMER GEK Gesundheitswesen aktuell 2010 (Seite 32 – 48).

Köster I., Huppertz E., Hauner H., Schubert I. (2011) Direct Costs of Diabetes Mellitus in Germany – Co-DiM 2000 – 2007,. Exp Clin Endocrinol Diabetes, 199 (6): 377 – 385.

Krauss, T., Schneider, M., Hofmann, U. (2009), Erstellung eines Satellitenkontos für die Gesundheitswirtschaft in Deutschland, BASYS Methodenhandbuch, Augsburg.

Krugman, P. (1994), The Age of Diminishing Expectations, Defining and Measuring Productivity, MIT Press, Cambridge.

Kurado, M., Nomura, K. (2008), Technological change and accumulated capital: A dynamic decomposition of Japan's growth, in: Dietzenbacher, E., Lahr, M. L. (Hrsg.), Wassily Leontief and Input-Output Economics, Cambridge University Press.

KZBV (2011), Jahrbuch: Statistische Basisdaten zur vertragszahnärztlichen Versorgung, Köln.

Leiter, J.M.E. (1997), Produktivität im Gesundheitswesen: Deutschland mit Nachholbedarf, in: Arnold, M., Paffrath, D. (Hrsg.), Krankenhausreport 97, Schwerpunkt Sektorübergreifende Versorgung, Stuttgart: Gustav Fischer Verlag: 73 – 98.

Leontief, W. (1970a), The Dynamic Inverse, in: Carter A.P., Brody, A. (eds), Contributions to Input-Output-Analysis, Amsterdam, North-Holland: 17 – 46.

Leontief, W. (1970b), Environmental Repercussions and the Economic Structure: An Input-Output Approach. The Review of Economics and Statistics 52 (3), 262 – 71. [Reprinted in Leontief, W., Input-Output Economics, 2nd ed. Oxford: Oxford University Press (1986).

Leontief, W. (1986), Input-Output Economics, 2nd Edition, Oxford University Press.

Linz, S., Eckert, G. (2002), Zur Einführung hedonischer Methoden in die Preisstatistik, in :Statistisches Bundesamt, Wirtschaft und Statistik, Heft 10/2002: 857 – 863.

Lohmann-Haislah, A. (2012), Stressreport 2012, BauA, online unter `www.baua.de/dok/343079`.

Lopez-Casanovas G., Rivera B., Currais L. (2005), Health and Economic Growth: Findings and Policy Implications, Cambridge The MIT Press:

Lück, P., Eberle, G., Bonitz, D. (2008), Der Nutzen des betrieblichen Gesundheitsmanagements aus der Sicht von Unternehmen, in: Badura, B., Schöder, H., Vetter, C. (2008), Fehlzeiten-Report 2008, Springer Medizin Verlag, Heidelberg 2009, S. 77 – 84.

Malmquist, S. (1953), Index numbers and indifference surfaces. Trabajos de Estadistica 4: 209 – 242.

Mardorf, S., Böhm, K. (2009), Bedeutung der demografischen Alterung für das Ausgabengeschehen im Gesundheitswesen, in: Böhm, K., Tesch-Römer, C., Ziese, T. (Hrsg.), Gesundheit und Krankheit im Alter, Robert Koch-Institut, Berlin.

McKinsey Global Institute (1996), Health Care Productivity, Los Angeles.

Miller, R. E., Blair, P. D. (2009), Input-Output Analysis, Foundations and Extensions, 2nd ed., Cambridge University Press, Cambridge.

Mushkin, S. J. (1962), Health as an Investment, in: Journal of Political Economy, 70: 129 – 157.

National Research Council (2012), Aging and the Macroeconomy. Long-Term Implications of an Older Population. Committee on the Long-Run Macroeconomic Effects of the Aging U.S. Population. Board on Mathematical Sciences and their Applications, Division on Engineering and Physical Sciences, and Committee on Population, Division of Behavioral and Social Sciences and Education. Washington, D.C.: The National Academies Press.

Nolte E., Scholz R., Shkolnikov V., McKee M. (2002), The contribution of medical care to changing life expectancy in Germany and Poland, in: Social Science & Medicine 55 (2002) 1905 – 1921.

O'Mahony, M., Timmer, P. (2009), Output, Input and Productivity Measures at the Industry Level: The EU KLEMS Database, in: Economic Journal, 119: F374 – F403.

OECD (2000), A System of Health Accounts, Version 1.0, OECD Publishing, Paris.

OECD (2001), Measuring Productivity: Measurement of Aggregate and Industry-Level Productivity Growth, OECD Manual, Paris.

OECD (2002), Frascati Manual, Proposed Standard Practice for Surveys on Research and Experimental Development, The Measurement of Scientific and Technological Activities, Paris.

OECD (2006), Health Care Quality Indicators Project – Conceptual Framework Paper, Health Working Paper (2006)3.

OECD, Eurostat, WHO (2011), A System of Health Accounts: 2011 Edition, OECD Publishing, Paris.

ONS (2010), Public Service Output, Inputs and Productivity: Healthcare Triangulation, UK Centre for the Measurement of Government Activity, Office for National Statistics, Newport.

ONS (2010a), Public Service Output, Inputs and Productivity: Healthcare, UK Centre for the Measurement of Government Activity, Office for National Statistics, Newport.

ONS (2010b), Public Service Output, Inputs and Productivity: Healthcare – Extended Analysis, UK Centre for the Measurement of Government Activity, Office for National Statistics, Newport.

Pauly, M.V., Saxena, A. (2011), Health Employment, Medical Spending, and Long Term Health Reform Cesifo Working Paper No. 3481.

Peneder, M., Falk, M., Hölzl, W., Kaniowski, S., Kratena, K. (2006), WIFO-Weißbuch: Mehr Beschäftigung durch Wachstum auf Basis von Innovation und Qualifikation, Teilstudie 3: Wachstum, Strukturwandel und Produktivität. Disaggregierte Wachstumsbeiträge für Österreich von 1990 bis 2004, WIFO, Wien.

Phillips, C. (2009), What is a QALY? im Internet unter www.medicine.ox.ac.uk/bandolier/painres/download/whatis/QALY.pdf.

Pierdzioch, S. (2008), Preisbereinigung der Dienstleistungen von Krankenhäusern in den Volkswirtschaftlichen Gesamtrechnungen, in: Statistisches Bundesamt, Wirtschaft und Statistik 10/2008, Wiesbaden: 845 – 851.

Pimpertz, J. (2010), Ausgabentreiber in der Gesetzlichen Krankenversicherung, IW-Trends – Vierteljahresschrift zur empirischen Wirtschaftsforschung, 2/2010, Köln.

Pock, M., Czypionka, Th., Berger, J., Körner, T., Strohner, L., Mayer, S. (2010), Wachstumseffekte von Gesundheit: Eine Simulationsstudie für Österreich. Studie im Auftrag der Österreichischen Ärztekammer, Institut für höhere Studien(IHS), Wien.

Ranscht, A., Ostwald, D. A. (2010): Die Gesundheitswirtschaft – ein Wachstums- und Beschäftigungstreiber? in: Fischer, M. G., Meyer, S. (Hrsg.), Gesundheit und Wirtschaftswachstum, Springer, Berlin, Heidelberg: 31 – 47.

Richter, D. (2006), Psychische Störungen und Erwerbsminderungsberentungen, in: DRV-Schriften Band 55/2006, S. 212 – 223.

RKI (2012), Epidemiologie und Früherkennung häufiger Krebserkrankungen in Deutschland, GBE-kompakt 4/2012, Berlin.

Rutten M., Reed, G (2009), A comparative analysis of some policy options to reduce rationing in the UK's NHS: Lessons from a general equilibrium model incorporating positive health effects, JHE 28(1): 221 – 233.

Sauerland, D., Wübker, A. (2010), Die Entwicklung der Ausgaben in der Gesetzlichen Krankenversicherung bis 2050 – bleibende Herausforderung für die deutsche Gesundheitspolitik, discussion papers, Fakultät für Wirtschaftswissenschaft, Universität Witten/Herdecke, Neue Serie 2010 ff., Nr. 4 / 2010, Witten.

Schmalwasser, O., Schidlowski, M. (2006), Kapitalstockrechnung in Deutschland, in: Statistisches Bundesamt, Wirtschaft und Statistik 11/2006, Wiesbaden: 1107 – 1123.

Smith R.D., Yago M., Miller M., Coast J. (2005), Assessing the macroeconomic impact of a health care problem: The application of computable general equilibrium analysis to antimicrobial resistance, JHE 24(6):1055 – 75.

Schneider, M. (1999), Kosten nach Krankheitsarten, in: Statistisches Bundesamt, Wirtschaft und Statistik 7/1999: 584 – 591.

Schneider, M. (2013), Die gesundheitswirtschaftliche Bedeutung der Pharmazeutischen Industrie in Bayern. Gutachten für eine zukunftsorientierte Standortpolitik, BASYS: Augsburg.

Schultz, T. W. (1961), Investment in Human Capital, in: American Economic Review, 51: 1 – 17.

Seyfarth, L. (1981), Zur Ökonomik des Gesundheitssicherungssystems und seiner präventiven Steuerung, Lang: Bern.

Solow, R. (1957), Technical Change and the Aggregate Production Function, in: The Review of Economics and Statistics 39 (3): 312 – 320.

Statistisches Bundesamt (1998), Gesundheitsbericht für Deutschland, Gesundheitsberichterstattung des Bundes, Metzler-Poeschel.

Statistisches Bundesamt (2003), Volkswirtschaftliche Gesamtrechnungen, Methoden der Preis- und Volumenrechnung, Fachserie 18, Reihe S. 24, Wiesbaden.

Statistisches Bundesamt (2007), Volkswirtschaftliche Gesamtrechnungen, Inlandsprodukt nach ESVG 1995 – Methoden und Grundlagen – Neufassung nach Revision 2005, Fachserie 18, Reihe S.22, Wiesbaden, erschienen am 11. Januar 2007, korrigiert am 26. März 2007 (Seite 209).

Statistisches Bundesamt (2008), Volkswirtschaftliche Gesamtrechnungen, Preis- und Volumenmessung für Krankenhäuser, Erziehung und Unterricht sowie für öffentliche Sicherheit und Ordnung, Wiesbaden.

Statistisches Bundesamt (2009), Gesundheit auf einen Blick, Wiesbaden, erschienen im Januar 2010.

Statistisches Bundesamt (2010), Gesundheit – Krankheitskosten 2002, 2004, 2006 und 2008, Fachserie 12, Reihe 7.2, Wiesbaden, erschienen am 11. August 2010.

Statistisches Bundesamt (2011a), Gesundheit – Fallpauschalenbezogene Krankenhausstatistik (DRG-Statistik) 2010, Diagnosen, Prozeduren, Fallpauschalen und Case Mix der vollstationären Patientinnen und Patienten in Krankenhäusern, Fachserie 12, Reihe 6.4, Wiesbaden, erschienen am 12.10.2011.

Statistisches Bundesamt (2011b), Gesundheit 2010, Personal, Fachserie 12, Reihe 7.3.1 und 7.3.2, Wiesbaden.

Statistisches Bundesamt (2011c), Gesundheit – Kostennachweis der Krankenhäuser, Fachserie 12, Reihe 6.3, erschienen am 12.12.2011, korrigiert am 05.01.2012 und 07.03.2012, Wiesbaden.

Statistisches Bundesamt (2011d), Gesundheit – Grunddaten der Krankenhäuser, Fachserie 12, Reihe 6.1.1, erschienen am 22.11.2011, korrigiert am 01.03.2012, Wiesbaden.

Statistisches Bundesamt (2011e), Gesundheit – Diagnosedaten der Patienten und Patientinnen in Krankenhäusern (einschl. Sterbe- und Stundenfälle), Fachserie 12 Reihe 6.2.1, erschienen am 13.12.2011, Wiesbaden.

Statistisches Bundesamt (2011f), Mikrozensus – Fragen zur Gesundheit: Kranke und Unfallverletzte 2009, erschienen am 2. Juni 2010, korrigiert am 24.01.2011, Wiesbaden.

Statistisches Bundesamt (2012a), Volkswirtschaftliche Gesamtrechnungen: Input-Output-Rechnung, Fachserie 18, Reihe 2, erschienen am 31. August 2012, Wiesbaden.

Statistisches Bundesamt (2012b), Volkswirtschaftliche Gesamtrechnungen: Inlandsproduktsberechnung – Detaillierte Jahresergebnisse 2011, Fachserie 18, Reihe 1.4, erschienen am 07.09.2012, Wiesbaden.

Statistisches Bundesamt (2012c), Das Informationssystem der Gesundheitsberichterstattung des Bundes, www.gbe-bund.de.

Statistisches Bundesamt (2012d), Gesundheit 2010, Ausgaben, Fachserie 12, Reihe 7.1, Wiesbaden.

Statistisches Bundesamt (2013), Index der Erzeugerpreise gewerblicher Produkte (Inlandsabsatz) nach dem Güterverzeichnis für Produktionsstatistiken, Ausgabe 2009 (GP 2009), Lange Reihen der Fachserie 17, Reihe 2 von Januar 1995 bis Februar 2013, Wiesbaden.

Stone, R. (1975), Towards a System of social and demographic statistics, United Nations, New York.

Stueve, M. et al. (2009), Versorgungsverbesserung in der Onkologie durch kosteneffektiv eingesetzte Innovationen – Das Potenzial der Kostenträger am Beispiel CyberKnife, in: Gesundheits- und Sozialpolitik 5/2009: 38 ff.

SVR-Gesundheit (2012), Wettbewerb an der Schnittstelle zwischen ambulanter und stationärer Gesundheitsversorgung, Sondergutachten 2012.

Syverson, C. (2011), What Determines Productivity? Journal of Economic Literature, 49(2): 326 –365.

Timmer, M.P., O'Mahony, M., van Ark, B. (2007), EU KLEMS Growth and Productivity Accounts: Over-view November 2007 Release, Groningen.

TSB Technologiestiftung Berlin (2012), Medizintechniknews, Ausgabe 3 vom 29.06.2012, Berlin.

UKCeGMA (2010), Public Service Output, Inputs and Productivity: Healthcare Triangulation, UK Centre for the Measurement of Government Activity, Office for National Statistics.

UNESCO (2011), Revision of the International Standard Classification Of Education (ISCED), http://ec.europa.eu/eurostat/ramon/other_documents/isced_2011/index.cfm?TargetUrl=DSP_ISCED_2011.

Van Ark, B., Chen V., Colijn B., Jaeger K., Overmeer W., Timmer M. (2013), Recent Changes in Europe's Landscape and Medium-Term Perspectives: How the Sources of Demand and Supply are Shaping Up, European Commission, Economic Papers 485, April 2013.

van Zon, A.H,. Muysken, J. (1997), Health, Education and Endogenous Growth, Research Memorandum 97-009, MERIT, University of Maastricht.

van Zon, A.H., Muysken, J. (2003), Health as a Principal Determinant of Economic Growth MERIT- Infonomics Research Memorandum series, 2003-021, Maastricht University.

VDI/VDE Innovation + Technik GmbH (2008): Identifizierung von Innovationshürden in der Medizintechnik. erstellt im Auftrag des Bundesministeriums für Bildung und Forschung (BMBF), Berlin.

Weil, D. (2007), Accounting for the Effect of Health on Growth, Quarterly Journal of Economics 122: 1265 – 1306.

Weinstein, M., Stason W. B. (1977), Foundations of cost-effectiveness analysis for health and medical practices. New England Journal of Medicine. Nummer 296. S. 716 – 721.

Werblow, A., Felder, S., Zweifel, P. (2007), Population Ageing and Health Care Expenditure: A School of 'Red Herrings'?, in: Health Economics, 16: 1109 – 1127.

Werding, M. (2011), Demographie und öffentliche Haushalte: Simulationen zur langfristigen Tragfähigkeit der gesamtstaatlichen Finanzpolitik in Deutschland, Sachverständigenrat zur Begutachtung der gesamtwirtschaftlichen Entwicklung, Arbeitspapier 03/2011, Wiesbaden.

Werding, M. (2013), Alterssicherung, Arbeitsmarktdynamik und neue Reformen: Wie das Rentensystem stabilisiert werden kann, Studie im Auftrag der Bertelsmann Stiftung, Gütersloh.

WHO, Worldbank, USAID (2003), Guide to producing national health accounts, Geneva.

WIFO (2006), WIFO-Weißbuch: Mehr Beschäftigung durch Wachstum auf Basis von Innovation und Qualifikation. Teilstudie 3: Wachstum, Strukturwandel und Produktivität. Disaggregierte Wachstumsbeiträge für Österreich von 1990 bis 2004, Wien.

WifOR, PWC (2010), Fachkräftemangel, Stationärer und ambulanter Bereich, Herausgeber: PricewaterhouseCoopers AG Wirtschaftsprüfungsgesellschaft, Frankfurt/Main.

Wild, R. (2009), Developments in the measurement of publicly funded education productivity in the UK: the ONS perspective, Paper, International Conference on Public Service Measurement, ONS-UKCeMGA/ NIESR, Cardiff, 11. – 13. November 2009.

Willemé, P., Dumont, M. (2013), Machines that go „ping": Medical technology and health expenditures in OECD countries, Federal Planning Bureau, Working Paper 2-13, Brüssel.